ID: 8062, ISBN-10: 3-8324-8062-5, ISBN-13: 978-3-8324-8062-2
Henschke, Katja: Der chinesische Immobilienmarkt. Entwicklungsphasen, Tendenzen, Potenziale - Eine kritische Analyse der volkswirtschaftlichen, politischen und rechtlichen Rahmenbedingungen der Immobilienwirtschaft in der VR China
Druck Diplomica GmbH, Hamburg, 2006
Zugl.: Technische Universität Carolo-Wilhelmina zu Braunschweig, Diplomarbeit, 2003

Diplomica GmbH
http://www.diplom.de, Hamburg 2006
Printed in Germany

Inhaltsverzeichnis

Abkürzungsverzeichnis

Abb.	Abbildung
Abs.	Absatz
AHK	Außenhandelskammer
Anm. d. Verf.	Anmerkung der Verfasserin
Aufl.	Auflage
Bd.	Band
BfAI	Bundesstelle für Außenhandelsinformation
BGB	Bürgerliches Gesetzbuch
BIP	Bruttoinlandsprodukt
bzw.	beziehungsweise
ca.	circa
d.h.	das heißt
div.	diverse
ebd.	ebenda
et al.	et alii
etc.	et cetera
FAZ	Frankfurter Allgemeine Zeitung
FEER	Far eastern Economic Review
FES	Friedrich Ebert Stiftung
Fn.	Fußnote
GATT	General Agreement on Tariffs and Trade
HGB	Handelsgesetzbuch
HK	Hong Kong
Hrsg.	Herausgeber
JOR	Jahrbuch für Ostrecht
JV	Joint Venture
Kap.	Kapitel
KPCh	Kommunistische Partei Chinas
Mio.	Million (-en)
Mrd.	Milliarde (-n)
MwSt.	Mehrwertsteuer

Nr.	Nummer
NVK	Nationaler Volkskongress
qkm	Quadratkilometer
qm	Quadratmeter
RIW	Recht der Internationalen Wirtschaft
RMB	Renminbi (chinesische Währung, nicht zu verwechseln mit der Geldeinheit Yuan)
S.	Seite
sog.	sogenannte (-n)
Sp.	Spalte
Tab.	Tabelle
u.a.	und andere
UdSSR	Union der Sozialistischen Sowjetrepubliken
USA	United States of America
usw.	und so weiter
vgl.	vergleiche
VR	Volksrepublik
v. Chr.	vor Christus
WTO	World Trade Organization
z.B.	zum Beispiel
zzgl.	zuzüglich

„Wo der Boden eine Ware ist, ein Handelsobjekt, da wissen die Vertreter des Großkapitals sehr bald, dass der Boden die sicherste Ware ist, mit der man handeln kann.
Sie verdirbt nicht, sie wird durch keine neue Erfindung wertlos gemacht."

Adolf Damaschke, Bund deutscher Bodenreformer, 1902

"It is not a market for the financially weak, short time spanned, impatient, or not so serious investors."

Stephen Chung, Executive Director, Zeppelin Real Estate Analysis Limited
2002

1 Einführung

Zielsetzung der Arbeit

Für das kapitalistische Wirtschaftssystem wird der Handel mit Gebäuden und Grundstücken als ein Indikator für das ökonomische Entwicklungsniveau eines Landes angesehen. Zentrales Anliegen dieser Arbeit ist die Klärung der Fragestellung, ob sich unter den in der Volksrepublik China gegebenen Bedingungen der zentralen Planwirtschaft und des Verbots von Privateigentum an innerstädtischen Grundstücken ein effizienter Immobilienmarkt entwickeln konnte.

Ein Blick in die Geschichte des Reiches zeigt, dass das feudalistisch geprägte China ein Privateigentum an Grund und Boden kannte und dass ein Handel damit möglich war.[1] In der Zeit der chinesischen Republik sollten parallel zur Einführung eines westlich geprägten Zivilrechtes auch die Regelungen für einen prosperierenden Immobilienmarkt implementiert werden. Doch die Kommunistische Partei setzte nach ihrer Machtergreifung eigene Ideale einer Bodenreform durch, in deren Verlauf landwirtschaftlich genutzter Boden den Kollektiven und städtischer Boden dem Staat zugeordnet wurde. Es ist einsichtig, dass der Immobilienmarkt seit dieser Zeit brach lag. Zudem kam es in Folge der zentralistischen Planwirtschaft zu enormen Fehlentwicklungen, deren schwerwiegende Ausmaße in Hungersnöten und akuten Engpässen in der Wohnraumversorgung sichtbar wurden.[2] Die derzeitige Staatsführung scheint aus den Fehlern der Vergangenheit gelernt zu haben und hat im Hinblick auf die Wiederbelebung des chinesischen Immobilienmarktes zahlreiche Transformationsprozesse in Gang gesetzt.

Die Entwicklungen auf dem chinesischen Immobilienmarkt sollen in der vorliegenden Arbeit auch hinsichtlich ihrer Konsequenzen für ausländische Investoren dargestellt werden. Weiteres Anliegen der Verfasserin ist es, die wichtigsten Bereiche des heutigen Immobilienmarktes im Kontext der politisch-rechtlichen Veränderungen und der wirtschaftlichen Auswirkungen seit der Öffnungspolitik darzustellen. Auf finanzwirtschaftliche Aspekte der Immobilienwirtschaft kann im Rahmen dieser Arbeit besonders im Hinblick auf die anhaltenden

[1] Vgl. FRANKE 1903, S. 16-17

[2] Hauptgründe hierfür waren die Fehlallokation des Produktionsfaktors Arbeit sowie die mangelhafte und minderwertige Ausstattung der chinesischen Volkswirtschaft mit Produktionsmitteln (Anm. d. Verf.).

Umstrukturierungen der chinesischen Bankenlandschaft nicht detailliert eingegangen werden. Ebenso wenig soll eine volkswirtschaftliche Analyse Gegenstand der Arbeit sein.

Im Vordergrund stehen vielmehr die Prozesse und Reformen des chinesischen Immobilienmarktes, die Betrachtung der aktuellen Rahmenbedingungen und eine kritische Einschätzung der Stellung des chinesischen Immobilienmarktes. Die Arbeit soll dazu beitragen, verschiedene Aspekte des chinesischen Immobilienmarktes und die wichtigsten Phasen seiner Entwicklung aufzuzeigen und somit die aktuell bestehende Situation verständlich zu machen. Die Ergebnisse der Untersuchungen sollen Interessenten eine Handlungsgrundlage bei den chinesischen Immobilienmarkt betreffenden Entscheidungen bieten.

Zum Aufbau dieser Arbeit

Die Entwicklung des chinesischen Immobilienmarktes vollzog sich in drei großen Etappen, die sich im Aufbau dieser Arbeit in Form eigenständiger Abschnitte widerspiegeln. So beschäftigt sich Kapitel Zwei mit einem historischen Abriss zur Entstehung der Bodenordnung und der Eigentumsrechte vor Gründung der Volksrepublik China. Es schließt sich eine Darstellung der maoistischen Ära und der entsprechenden Auswirkungen auf den Immobilienmarkt an, wobei die Entwicklungen auf dem Land und in den städtischen Gebieten gesondert betrachtet werden.

Kapitel Drei hat die gravierenden Änderungen im chinesischen Immobilienmarkt seit der Öffnungspolitik der Jahre 1978 und 1979 zum Inhalt. Dabei kommt dem juristischen Konstrukt der Landnutzungsrechte besondere Bedeutung zu. Die politisch-rechtlichen Änderungen beeinflussten die Marktentwicklung in dieser Zeit nachhaltig. So kam es im Anschluss an die Einführung der Landnutzungsgebühren und der Veräußerbarkeit von Landnutzungsrechten zu einer Phase der Marktbelebung. Mit der Weiterentwicklung der Eigentumsrechte und der staatlichen Wohnungspolitik kann für die Zeit ab 1990 von einem Marktwachstum gesprochen werden, dem sich der zweite Teil des dritten Kapitels ausführlich widmet.

Kapitel Vier beschäftigt sich nach einer ausführlichen Beleuchtung der Rahmenbedingungen für in- und ausländische Investoren mit der Stellung der Immobilienwirtschaft innerhalb der chinesischen Volkswirtschaft. Dabei werden die Besonderheiten des chinesischen Marktes unter dem Aspekt der sozialisti-

schen Marktwirtschaft herausgearbeitet. Danach erfolgt ein allgemeiner Marktüberblick aus der Perspektive der spezifischen Charakteristiken des Standortes China, woran sich eine Darstellung der aktuellen dynamischen Entwicklungen auf den regionalen und objektbezogenen Immobilienteilmärkten anschließt.

Der regionale Teilmarkt Shanghai wird gesondert betrachtet, da er durch seine Attraktivität für ausländische Investoren eine bemerkenswerte Stellung innerhalb des chinesischen Gesamtmarktes bekleidet. Die Untersuchungen zur Immobilienwirtschaft in den Teilmärkten erfolgen unter den Gesichtspunkten des vordringlichen Interesses ausländischer Investoren. Bei der Betrachtung der Teilmärkte werden die Regionen Hong Kong, Macao und Taiwan aufgrund ihrer besonderen Position und ihrer fehlenden Beispielhaftigkeit für den gesamtchinesischen Immobilienmarkt ausgeklammert.

Alle Abschnitte folgen in ihrem Aufbau derselben Methodik. Zuerst werden die rechtlichen und politischen Rahmenbedingungen erläutert. Daran schließt sich jeweils eine Untersuchung der Auswirkungen auf den chinesischen Immobilienmarkt an.

Mit einer abschließenden kritischen Darstellung der Unzulänglichkeiten des jungen chinesischen Immobilienmarktes sowie einem Ausblick auf die künftige Entwicklung soll der Dreiklang der wissenschaftlichen Untersuchungen dieser Forschungsarbeit aus rechtlichen Grundlagen, volkswirtschaftlichen und politischen Aspekten sowie immobilienwirtschaftlichen Entwicklungen arrondiert werden.

2 Historische Entwicklung der Landnutzungsrechte und des chinesischen Immobilienmarktes

2.1 Die Zeit vor Gründung der Republik 1949

Angesichts der gewaltigen geografischen Ausdehnung und der außerordentlichen Geschichte Chinas sollen an dieser Stelle nur die wichtigsten Entwicklungsstufen der Bodenordnung, der Eigentumsrechte und des Immobilienmarktes anhand exemplarischer Beispiele skizziert werden. Das Augenmerk liegt dabei primär auf solchen Gegebenheiten, die auch heute noch im Gesamtzusammenhang mit der derzeitigen Rechtslage von Bedeutung sind.

2.1.1 Landnutzung, Eigentumsverhältnisse und Bodenordnung

Aus den letzten Jahren des Kaiserreiches[3] sind verschiedene Quellen überliefert, die vermuten lassen, dass prinzipiell alles Land dem Kaiser gehörte.[4] Das würde bedeuten, dass ein Privateigentum an Grund und Boden im eigentlichen Sinne[5] im alten China nicht möglich war. Besonders Sinologen widerlegen jedoch diese im ausgehenden 19. Jahrhundert verbreitete Ansicht und führen viele Belege für die Existenz von individuellem Grundeigentum an, das sich vorwiegend über das Familien-Eigentum entwickelte.[6] Ebenso scheint es eine weit verbreitete Praxis gewesen zu sein, Land an Privatbauern zu verkaufen oder es diesen für besondere Verdienste zu überlassen.[7] Auch mag es im Interesse der wechselnden Herrscherfamilien gelegen haben, die abgeschiedenen Gebiete Chinas zu besiedeln. Ein diesbezügliches Beispiel wird für die Zeit der Song-Dynastie (*song shi*) illustriert:[8]

> „Das Land aber, das in Bebauung genommen wurde, ward für ewige Zeiten Eigentum des Betreffenden, und die Beamten erhoben keinen Pachtzins davon."

---

[3] Die letzte chinesische Dynastie endete mit der Revolution von 1911. Die offizielle Abdankung der Quing-Dynastie erfolgte 1912 mit der Ausrufung der Republik und der Regierungsgründung. Vgl. WAGNER 2000, S. 131; HALBEISEN 2000, S. 135-136

[4] Vgl. LEUNG 1997, S. 542

[5] Die Möglichkeit eines liberalen „Verfahrens nach Belieben", wie beispielsweise der § 903 BGB für Eigentümer in Deutschland seit 1896 gewährt, wäre demnach für das damalige China auszuschließen. (Anm. d. Verf.)

[6] Vgl. FRANKE (Fn. 1), S. 16-17; JOOS 2001, S. 441

[7] Vgl. THÜMMEL 1995, S. 24

[8] Diese Dynastie bestand von 976 bis 983. Vgl. FRANKE (Fn. 1), S. 14; Abweichend hierzu FISCHER 2000, S. 568, datiert die Song-Dynastie auf 960-1126 (Nördliche Song) und 1127-1279 (Südliche Song).

Mehrheitlich kann heute davon ausgegangen werden, dass China das feudalistische System vergleichsweise[9] früh überwunden hat und dass sich in Folge dessen verschiedene Formen der Bodenordnung herausbilden konnten. Ein wesentliches Anliegen staatlicher Bodenpolitik war eine möglichst gerechte Verteilung des Landes.[10] Auch hierzu findet sich bereits eine sehr früh datierte Quelle aus der Zeit der Han-Dynastie (*qian han shu*):[11]

> „Die Verteilung des Grund und Bodens (bildet) die Grundlage von der Regierung des Volkes."

Es ist anzunehmen, dass von Seiten der Staatsorgane in nahezu allen Zeiten der Ausweitung von Großgrundbesitz entgegen gewirkt wurde. So hat es in der chinesischen Geschichte mehrere Reformbewegungen zur Neuverteilung des Grundeigentums gegeben.[12]

Es existierten neben dem privaten Grundeigentum auch immer solche Eigentumskategorien, die treffend als öffentlich-rechtlich bezeichnet werden können. Das Beispiel der Qing-Dynastie[13] zeigt, dass es dort neben dem Privateigentum insgesamt fünf weitere Eigentumsarten gegeben hat. Neben dem sogenannten „Bannerland" (*qi di*) unterschied man das „Kronland" (*yu di*), das „Regierungsland" (*guan di*), das „Öffentliche Land" (*gong di*) und das „Land der Militärkolonien" (*dun tian*). Diese Grundstücksarten waren nicht verkehrsfähig, da sie vorwiegend öffentlichen Zwecken dienten.[14] Einzig das private Land durfte veräußert werden.

Entwicklung der Immobiliensteuern

Die hochentwickelte Bürokratie[15] des frühen chinesischen Staatswesens wurde insbesondere im Hinblick auf die mit dem Besitz an Grund und Boden geknüpften Rechtsvorgänge schon immer zur Finanzierung des Staatshaushaltes verwendet. Rechtsgeschäfte mit Immobilien konnten daher niemals formfrei

---

[9] Im Gegensatz zu Japan, wo bis zur Meji-Reform (1870) eine streng feudalistische Bodenordnung mit unzähligen Bewirtschaftungseinschränkungen galt. (Vgl. TAYAMA 1999, S. 8-10)

[10] Selbstverständlich ist der Begriff „gerecht" hier im Kontext des historischen Zusammenhangs und somit des vorherrschenden Gesellschaftssystems mit den daran geknüpften Wertvorstellungen zu sehen (Anm. d. Verf.).

[11] Han-Dynastie von 206 v. Chr. bis 220 n. Chr. Vgl. FISCHER (Fn. 8), S. 568. Zitiert nach FRANKE (Fn. 1), S. 35

[12] Auf die genauen Umstände der einzelnen Reformen kann im Rahmen dieser Arbeit nicht näher eingegangen werden. (Anm. d. Verf.)
Weiterführend hierzu siehe THÜMMEL (Fn. 7), S. 26-27

[13] Mandschu- bzw. Qing-Dynastie von 1644-1912. Vgl. FAIRBANK 1989, S. 46; FISCHER (Fn. 8), ebd.

[14] Vgl. FRANKE (Fn. 1), S. 18-26

[15] Die Wurzeln der chinesischen Bürokratie reichen laut FAIRBANK 1992, S. 11, und SCHMIDT-GLINTZER 2000, S. 81, bis ins Jahr 2000 vor Beginn unserer Zeitrechnung zurück.

sein. Sowohl Grundstücksverkäufe und deren Belastungen als auch der bloße Grundbesitz waren steuerpflichtig. Der primäre Zweck der Überwachung des Immobilienwesens hat auch in früheren Zeiten vorwiegend in der Erschließung neuer Einnahmequellen bestanden.[16] Somit fällt der Besteuerung des Bodens eine bedeutende Rolle in der chinesischen Geschichte zu.

Registrierung der Eigentumsverhältnisse

Mit der Obligation zur Entrichtung der Grundsteuern standen die bereits in der Frühphase des Kaiserreiches geführten öffentlichen Register über die Eigentumsverhältnisse an Grund und Boden in engem Zusammenhang. Erwähnenswert ist jedoch der Umstand, dass ein mit öffentlichem Glauben versehenes Grundbuchwesen[17] im vorrevolutionären China zu keiner Zeit bestanden hat.[18] Entscheidend bezüglich der Eigentumsverhältnisse waren in der Regel die tatsächlichen Besitzverhältnisse.[19]

Erst in den Zeiten der Republik wurde 1922 ein vom französischen System beeinflusstes Eintragungsverfahren in das chinesische Grundbuchwesen eingeführt.[20] Das dem BGB nachempfundene und 1930 eingeführte Zivilrecht, das noch heute in Taiwan verbindlich ist, bewirkte eine starke Anlehnung des chinesischen Eintragungssystems an das deutsche Recht.

Es ist nahezu unmöglich, eindeutige Aussagen zu den lokalen Gewohnheiten bezüglich Kauf, Pacht, Schenkung und Vererbung von Grundstücken im China vor 1949 zu formulieren.[21] Das sich entwickelnde Immobiliensachenrecht war regional sehr unterschiedlich – ein Umstand, der auch noch heute seine Gültigkeit hat. Die moderne Volksrepublik befindet sich daher mit der Tradition des chinesischen Rechts im Einklang, da besondere Rechte an Grundstücken und Teilen von Grundstücken, speziell Gebäude und Baumbestände, noch immer zulässig sind.

---

[16] Vgl. THÜMMEL (Fn. 7), S. 27-31

[17] Zum deutschen Recht siehe § 892 BGB. (Anm. d. Verf.)

[18] Vgl. FRANKE (Fn. 1), S. 17

[19] Zur Unterscheidung der Begrifflichkeiten siehe §§ 854-872, 903, 905 BGB (Anm. d. Verf.)

[20] Diese „Regeln für die Eintragung von Immobilien“ dienten jedoch lediglich dazu, eventuelle Rechtsänderungen an der Liegenschaft Dritten gegenüber zu vertreten. Vgl. THÜMMEL (Fn. 7), S. 31

[21] Eine Besonderheit des chinesischen Sachenrechtes ist die Möglichkeit, bestimmte Rechte an einzelnen Bestandteilen von Grundstücken zu erwerben. So war es beispielsweise denkbar, Eigentümer eines Waldgrundstückes zu sein, ohne jedoch Eigentümer des dazugehörigen Landes zu sein. Die chinesische Rechtsprechung bezeichnet diesen Umstand als „Recht an dem, was sich oberhalb des Bodens befindet“ (*dishangquan*). Vgl. THÜMMEL (Fn. 7), S. 36-37

2.1.2 Die Entstehung des republikanischen Bodenrechts

Die neue Republik, die nach der Unterminierung des kaiserlichen Einflusses durch die Gründung vielfältiger politischer Organisationen das Land zu reformieren versuchte, durchlief eine Phase von nahezu 38 Jahren politischer Instabilität und Bürgerkrieg.[22] Dennoch konnten in dieser Zeit einige bedeutsame rechtliche Änderungen nach westlichem Vorbild vorgenommen werden. So erfolgte in den Jahren 1929 und 1930 eine den chinesischen Besonderheiten entsprechende Neugestaltung des Sachen- und Bodenrechts. Die gesamte Ordnung des Grundbesitzes erfuhr mit dem „Bodengesetz“ unter dem Aspekt der Prävention gegen Grundstücksspekulationen eine grundlegende Neuerung. Wenn sich in diesem Gesetz auch deutlich die Einflüsse deutschen, japanischen und schweizerischen Rechts widerspiegeln, so verdeutlicht es dennoch die Bemühungen der neuen chinesischen Zentralregierung um Harmonisierung der Bodenverhältnisse.[23]

Untypische und an chinesische Verhältnisse kaum angepasste Institute wie beispielsweise die Grundschuld wurden aus den Gesetzestexten entfernt.[24] Das weit verbreitete traditionelle chinesische Gewohnheitsrecht fand eine umfassende Auslegung. Ebenso wurden die ursprünglichen Rechtsinstitute *„dian“*,[25] *„dishangquan“*[26] und eine Art Erbpacht, das sogenannte *„yongdianquan“*, in das neue Gesetzeswerk aufgenommen.

Interessant ist die damalige Rechtsprechung bezüglich Grundstücken, die von nationaler Bedeutung sind, wie zum Beispiel Wasserstraßen, bestimmte Küstengebiete oder Liegenschaften, die Bodenschätze enthalten. Solche Grundstücke konnten jederzeit durch die Staatsorgane enteignet werden. Diese Anschauung hat die Volksrepublik China später scheinbar in § 3 „Landverwal-

---

[22] Vgl. HALBEISEN (Fn. 3), S. 135-153

[23] Vgl. KIRFEL 1940, S. 13-14; THÜMMEL (Fn. 7), S. 40

[24] Unverständlich scheint aus heutiger Sicht die rechtliche Charakteristik der Hypothek als bedeutendstes Grundpfandrecht, da sie in der Realität kaum von Belang war. Hierin zeigt sich noch immer der ausländische Einfluss auf die Reformen des chinesischen Rechtssystems. Vgl. hierzu auch THÜMMEL (Fn. 7), S. 38-40, KIRFEL (Fn. 23), ebd.

[25] Das *„dian“* ist eines der ältesten Rechtsinstitute Chinas, das sich gewohnheitsrechtlich weit zurück verfolgen lässt. In der Kaiserzeit stellte das *dian*, das auch auf Immobilien beschränkt war, die wichtigste Form der Belastung von Grundeigentum dar. Die spätere Gesetzgebung hat das *dian* als Nutzpfandrecht ausgestaltet. Es handelt sich um ein Recht, das dem *dian*-Nehmer gestattet, eine Immobilie gegen Zahlung eines bestimmten Geldbetrages zu nutzen. Wird der Betrag nicht innerhalb einer gesetzten Frist ausgelöst, fällt die Immobilie an den *dian*-Nehmer. Das *dian* war im vorkommunistischen China daher so beliebt, weil eine Zersplitterung des Landeigentums vermieden werden sollte und somit eine wesentliche Ersatzmöglichkeit für einen Verkauf bestand. Vgl. THÜMMEL (Fn. 7), S. 255-258; weiterführend auch KIRFEL (Fn. 23), S. 12-14

[26] Siehe hierzu Anmerkung in Fn. 21 der vorliegenden Arbeit. (Anm. d. Verf.)

tungsgesetz“[27] übernommen. Von besonderer Bedeutung im Gesamtzusammenhang dieser Arbeit ist die ausdrückliche Einschränkung hinsichtlich des Landerwerbs durch Nichtchinesen.[28] Das republikanische „Bodengesetz“ wurde in den Wirren des Bürgerkrieges und des Zweiten Weltkrieges nur partiell umgesetzt. Es lieferte der nachfolgenden kommunistischen Regierung jedoch eine bedeutende Vorlage für die legislative Regelung der Bodenreform.

2.1.3 Die Entwicklung des chinesischen Immobilienmarktes 1840-1949

Obgleich es bereits in früheren Zeiten immobilienwirtschaftliche Aktivitäten wie Mietung, Pfändung, Kauf und Verkauf von Gebäuden oder Grundstücken gegeben hat, kann man für die Zeit vor 1840 nicht von der Existenz eines funktionierenden Immobilienmarktes[29] sprechen. Nachdem 1842 fünf ausgewählte Hafenstädte für den Handel mit den Briten[30] geöffnet wurden, gewährte man den Kaufleuten auch ein Wohnrecht. Besonders die Region um Shanghai entwickelte sich aufgrund einer fremdenfreundlichen Grundstimmung zu einer aufstrebenden Gemeinde.

Bereits drei Jahre später wurde den Ausländern durch die „Shanghaier Bodenordnung“ das Recht zugesprochen, in sogenannten „Konzessionen“ Grundstücke zu erwerben sowie diese zu vermieten oder zu verkaufen.[31] Damit konnte sich in der Folgezeit aufgrund des Wirtschaftswachstums und des massiven Zuzugs in die Städte ein eigenständiger Markt entwickeln, der zunächst primär auf Wohn- und Handelsimmobilien ausgelegt war. Ausländische Immobiliengesellschaften dominierten das Marktgeschehen, bis um die Jahrhundertwende auch im chinesischen Kapitalbesitz befindliche Immobiliengesellschaften in den Markt eintraten.[32]

Das Anfangsstadium des chinesischen Immobilienmarktes war durch besondere Rahmenbedingungen gekennzeichnet. So herrschten auf dem damaligen Markt noch annähernd koloniale Machtstrukturen vor. Die Mehrheit aller Transaktionen wurde von ausländischen Kapitalgebern gesteuert. Ein weiteres

[27] Wortlaut auszugsweise im Anhang dieser Arbeit. (Anm. d. Verf.)
[28] Diese Regelung galt bis vor Kurzem noch in Taiwan, wurde jedoch mit Blick auf ausländische Direktinvestitionen liberalisiert. Vgl. THÜMMEL (Fn. 7), S. 40
[29] Zur Thematik des Marktes siehe Kapitel 4 dieser Arbeit. (Anm. d. Verf.)
[30] Abschluss des chinesisch-britischen Vertrages („Vertrag von Nanjing“) am 29.8.1842. Vgl. WAGNER (Fn. 3), S. 118-119; FISCHER (Fn. 8), S. 569
[31] Dabei handelte es sich in diesem Fall um sumpfiges unbewohntes Land in der weiteren Umgebung zur Stadt Shanghai. Vgl. YAO 2001, S. 50; FU et al. 1999, S. 53
Selbstredend fielen dabei auch Steuern an den chinesischen Staat. (Anm. d. Verf.)
[32] Während sich beispielsweise 1931 in Shanghai nur 20 Immobiliengesellschaften in chinesischem Besitz befanden, waren es 1949 bereits 49. Vgl. YAO (Fn. 31), S. 51

wesentliches Kennzeichen der Anfangszeit des chinesischen Immobilienmarktes waren Ungleichgewicht und Störanfälligkeit des Marktes, da sich die positiven Entwicklungen vornehmlich in den größeren Küstenstädten vollzogen. Verschiedene Kriegs- und Krisenwirren sorgten wiederholt für Markteinbrüche sowie für eine anhaltende Inflation. Ein ebenso wichtiger Punkt war die eindeutig kurzfristig orientierte Spekulationsausrichtung der vorherrschenden Immobiliengesellschaften.[33]

2.2 Die Abschaffung des Privateigentums in der Zeit ab 1949

2.2.1 Die maoistische Bodenreform

Die Bodenreform[34] war ein wesentlicher Bestandteil des Wirtschaftsprogramms und des Stimmenfangs der noch jungen KPCh zu Beginn der 1940er Jahre. Drei wichtige Voraussetzungen waren zu ihrer erfolgreichen Durchführung von Nöten: Ausbildung von sogenannten „Dorfaktivisten"[35], militärische Vorherrschaft der Kommunisten und ein allgemeiner wirtschaftlicher Aufschwung. 1946 hatte die KPCh die Bevölkerung vom Norden Chinas aus mehrheitlich durchdrungen und setzte die begonnenen Reformen nun auch im Süden des Landes durch.[36]

Nach Ausrufung der Volksrepublik China am 1.10.1949 wurde im Zuge der Neuordnung der Machtbefugnisse die Landverteilung primär an landlose und arme Bauern forciert. Im Laufe dieses Prozesses, der bereits 1952/53 abgeschlossen war, wurden 50% der gesamten Ackerflächen enteignet[37] und an 300 Mio. landlose Bauern gemäß dem bodenpolitischen Leitspruch der KPCh

---

[33] Vgl. YAO (Fn. 31), S. 49-52; HALBEISEN (Fn. 3), S. 135-153; WEGGEL 2000, S. 154-166

[34] Die historischen Wurzeln der Bodenreform durch die Kommunistische Partei Chinas sind nur bedingt in der früheren Sowjetunion zu finden. Auch wenn der Einfluss Moskaus auf die chinesischen Kommunisten zunächst unbestritten vorhanden war, entwickelte die KPCh zügig Eigenständigkeit und Unabhängigkeit gegenüber der Sowjetunion. (Anm. d. Verf.)

[35] Die kommunistischen „Dorfaktivisten" nahmen nach Liquidierung der Gutsbesitzer deren Vormachtstellung in den einzelnen Dörfern ein. Damit wurden gleichzeitig die Bauern für die kommunistische Sache gewonnen (Mitgliederzahlen der KPCh: 1947: 2,7 Mio., 1953: 6,1 Mio.) und viele junge Kämpfer aus ihren Reihen rekrutiert, die der japanischen Invasion entgegen treten konnten. Das Resultat war eine neue Machtbasis der KPCh in den ländlichen Regionen Chinas, in denen die überwiegende Mehrheit der Bevölkerung lebte.
Vgl. FAIRBANK (Fn. 13), S. 248-267; HALBEISEN (Fn. 3), S. 143-144

[36] Die KPCh sandte hierzu nach ihrem Sieg über die Nationalisten unter Chiang Kaishek kommunistische Arbeitsgruppen in die südchinesischen Dörfer, um die Bauern gegen die Landbesitzer aufzubringen. In der folgenden Zeit wurde die propagierte Bodenreform mit Schauprozessen, Hinrichtungen und Massenanklagen nach den Idealen Maos durchgesetzt. Vgl. FAIRBANK (Fn. 13), S. 277-280; KIRSCH et al. 1994, S. 5-9

[37] Nach FAIRBANK (Fn. 13), S. 350, sind die Opferzahlen dieser rigorosen Maßnahmen im Millionenbereich anzusiedeln. Jedoch ist dies auch in den Gesamtkontext des herrschenden Bürgerkrieges einzuordnen. (Anm. d. Verf.)

„Jedem Pflüger sein Feld“[38] (*gengzhe you qi tian*) verteilt. Der Verkauf von Grundstücken wurde in jeglicher Form verboten. Das eigentliche Privateigentum an Grund und Boden war somit zumindest formell nicht mehr gegeben. Im Gegensatz zum sowjetischen Weg jedoch waren am Beginn der kommunistischen Ära in China private Landtransaktionen noch für kurze Zeit geduldet.[39]

2.2.2 Die Ordnung der ländlichen Liegenschaften

Seit Gründung der VR China wurde deutlich zwischen ländlichem und städtischem Grundeigentum und zwischen Gebäuden und Grundstücken unterschieden. Eines der ersten Gesetze nach Gründung der VR China war das „Bodenreformgesetz“ vom Juni 1950. Dieses Gesetz ist noch immer geltende politische und legale Basis richterlicher Entscheidungen bei historisch bedingten Immobilienstreitigkeiten und erstreckt seinen Einflussbereich somit bis in die heutige Zeit.

In der Forschung ist der genaue Zeitpunkt strittig, ab dem das an die Kleinbauern verteilte Land zwangsweise in Kollektive überführt wurde.[40] Da die KPCh ihren Sieg vornehmlich der Bauernschaft verdankte, näherte sie sich ihrem bedeutenden Ziel der Kollektivierung der Landwirtschaft nur schrittweise. Die erste große Stufe bestand in der Bildung bäuerlicher „Gruppen zur gegenseitigen Hilfe“ (*huzhuzu*), die zweite Etappe war die Bildung landwirtschaftlicher „Produktionsgenossenschaften der Anfangsstufe“ (*chujishe*),[41] die in der sich anschließenden Phase ab 1954 in „Genossenschaften der höheren Stufe“ (*gaojishe*) transformiert wurden. In diesen großen Einheiten genossenschaftlicher Struktur mussten alle Bauern gegen Lohn arbeiten und erhielten keine Entschädigungen mehr für ihre eingebrachten Produktionsmittel.

Dazu heißt es in der am 30.6.1956 vom Dritten Nationalen Volkskongress verabschiedeten Modellsatzung:[42]

---

[38] Vgl. THÜMMEL (Fn. 7), S. 42-43

[39] Der Grund für diese Abkehr vom sowjetischen Modell wird in der Zuwendung der KPCh zur Bauernschaft vermutet, die die Hauptlast der Revolution getragen hatte und aufgrund ihrer Überzahl für den weiteren Machterhalt unabdingbar war. (Anm. d. Verf.)
Vgl. auch THÜMMEL (Fn. 7), S. 41. Die Verfassung von 1954 schützte noch ausdrücklich das Grundeigentum der Bauern. Vgl. JOOS 2001, S. 442

[40] Vgl. THÜMMEL (Fn. 7), S. 45-46; FAIRBANK (Fn. 15), S. 282

[41] Während dieser Phase legten die Bauern ihren Boden und ihre Arbeitsmittel zusammen und erhielten anteilmäßige Ernteerträge. Dieses Vorgehen sicherte der KPCh die Zustimmung der größeren Bauern, da sich deren Lage vorübergehend besserte. Vgl. FAIRBANK (Fn. 15), S. 281-282

[42] Vgl. THÜMMEL (Fn. 7), S. 46

„In der landwirtschaftlichen Produktionsgenossenschaft werden nach dem sozialistischen Prinzip die Hauptproduktionsmittel vom Privateigentum der Genossen in das Kollektiveigentum der jeweiligen Genossenschaft überführt.“

Da das Hauptproduktionsmittel das Land war, konnte China auf diese Weise bis spätestens Ende des Jahres 1956 vollständig kollektiviert werden.[43] Der letzte Schritt zur vollkommenen Abschaffung jeglichen privaten Bodeneigentums wurde 1962 mit einem Dokument der KPCh zur „Novellierung der Arbeitsregeln für die landwirtschaftlichen Volkskommunen“[44] vollzogen. Hierin wird bestimmt, dass:

„Der gesamte Boden (...) in das Eigentum der Produktionsteams (fällt). Der Boden im Eigentum der Produktionsteams, einschließlich der (...) Wohngebäudegrundstücke der Mitglieder der Kommune darf ausnahmslos weder verpachtet noch verkauft werden.“

Die wesentlichen Merkmale der unter Mao eingeführten behördlichen kostenfreien Landzuteilung waren das Fehlen von Landpreismechanismen und Bodenpachten. Dadurch wurde mehr als dreißig Jahre lang ein wirksamer Wettbewerb in der Bodennutzung verhindert.[45] Die gravierendsten Folgen dieser Entwicklung waren eine niedrige Effizienz der Bodennutzung, ein beispiellos verschwenderischer Umgang mit den Landressourcen sowie ein Mangel an Geldmitteln für den Ausbau der Infrastruktur.

2.2.3 Die Entwicklung in den städtischen Gebieten

Während für den Zeitpunkt der restlosen Auflösung des privaten Land- und Immobilieneigentums in den ländlichen Regionen der Zeitraum zwischen 1958 und 1962 steht, wurde der Enteignungsprozess in Chinas Städten formell erst mit Inkrafttreten der neuen Verfassung 1982 vollendet.[46] Artikel 10 der aktuellen chinesischen Verfassung verbietet den Verkauf, die Verpachtung und andere Arten des Transfers von Land an Einzelpersonen und Organisationen. Die erste große Stufe der Verstaatlichung innerstädtischer Immobilien erfolgte

[43] Damit änderte sich auch der Status der Bauern. Sie mussten zwischen 1958 und 1978 „Produktionsmannschaften“ bilden, die aus ihrem Kreis die Besten in „Brigaden“ delegierten, aus denen wiederum die geeigneten Kader für die „Volkskommunen“ arbeiteten. Obwohl kleinere Bauernwirtschaften bessere Erträge einfuhren, wurde die kollektivierte Landwirtschaft als „Grundlage des Lebens der chinesischen Massen“ propagiert. Vgl. FAIRBANK (Fn. 15), S. 282; THÜMMEL (Fn. 7), S. 45-48; KIRSCH et al. (Fn. 36), S. 17-23

[44] Vgl. THÜMMEL (Fn. 7), S. 47-48

[45] Vgl. XIE et al. 2002, S. 1376-1377 ; WANG/ MURIE 1999, S. 1475-1476

[46] Vgl. LINDEN 1997, S. 29. Nach THÜMMEL (Fn. 7), S. 51-52, handelt es sich dabei, immerhin vier Jahre nach dem Beginn der marktwirtschaftlichen Reformen, um den „letzten großen sozialistischen Enteignungsakt der jüngsten chinesischen Geschichte“. Vgl. auch JOOS (Fn. 39), S. 442; KITTLAUS 2000, S. 79-81

1951 mit den „Richtlinien zur Konfiskation des Vermögens von Kriegsverbrechern, Verrätern, der bürokratischen Kapitalisten und der konterrevolutionären Elemente“. Dieses Vorgehen gestattete es, große Teile des vormals großbürgerlichen Gesamtvermögens zu beschlagnahmen. Städtische Privatunternehmen wurden ohne Ausnahme inklusive des Grundeigentums bis 1956 enteignet.[47]

Den früheren Eigentümern wurde für eine kurze Zeit eine Art Zinszahlung[48] gewährt, die aus heutiger Sicht rechtlich einen Loskauf durch den Staat bewirkte.[49] Privat genutztes Wohneigentum galt ohne Bodeneigentum als unbedenklich und wurde zunächst nicht verstaatlicht. Als „kapitalistisches“ Wohneigentum klassifizierte Immobilien hingegen wurden ab einer Wohnfläche von mehr als 100 qm kontinuierlich enteignet.[50] Dass sich ein Restbestand an privaten Immobilien in den chinesischen Städten bis in die 1980er Jahre halten konnte,[51] ist der schlechten Verwaltung, der zögerlichen Umsetzung durch einige lokale Behörden und einer Lockerung der Bestimmungen[52] ab 1962 zu verdanken.

Der städtische Grundstücksverkehr war bereits 1956 nahezu vollständig zum Erliegen gekommen. Das staatliche Bodensystem folgte seit Beginn der Enteignungswellen ausschließlich den proklamierten kommunistischen Lehren,[53] denen zufolge das Land nun unentgeltlich zugeteilt wurde.

---

[47] Damit wurden auch die letzten der noch abwartenden ausländischen Unternehmen ihrer Existenz beraubt. Kleine chinesische Familienbetriebe blieben zunächst noch verschont. Vgl. THÜMMEL (Fn. 7), S. 50

[48] Bei Mietwohnungen betrugen die Zahlungen ca. 20%-40% der ursprünglichen Miete, bei Betrieben ca. 5% des Unternehmensanteilswertes. Mit Beschluss des Staatsrates vom 24.9.1966 wurden sämtliche Zahlungen ersatzlos eingestellt. Vgl. THÜMMEL (Fn. 7), ebd.

[49] Das Oberste Volksgericht vertritt in einem Erbstreit vom 18.9.1964 die Loskauftheorie als vollkommene Enteignung der Betroffenen: „Billigende Antwort des Obersten Gerichts darüber, dass der Geschäftsherr, dessen Häuser in staatliche Vermietung übernommen wurden, in Wirklichkeit sein Eigentum verloren hat.“ Vgl. THÜMMEL (Fn. 7), S. 54 Anm. in Fn. 181
Unverständlich ist im Hinblick auf die Dramatik des Einzelfalls, insbesondere mit Blick auf die hohen Opferzahlen dieser Vorgänge, wie lapidar diese rigorosen Enteignungsprozesse in vielen chinesischen Publikationen als „Sozialistische Umgestaltung“ verharmlost werden. So schreibt YAO (Fn. 31), S. 52-53, dass „der Staat (...) nun den privaten Wohnungsinhabern einen Mietzins (bezahlte) und dadurch das Eigentumsrecht an diesen Immobilien (gewann).“ An anderer Stelle ist vom selben Autor zu lesen, dass diese Maßnahmen einzig dazu gedacht seien, den Immobilienmarkt zu konsolidieren; nach Ansicht der Verfasserin dieser Arbeit eine verzerrte Darstellung, da sie der damaligen wirtschaftspolitischen Situation nicht gerecht wird.

[50] Vor der Enteignungskampagne waren 60% aller Gebäude in Shanghai in Privateigentum. Nach der Kampagne betrug dieser Anteil noch ca. 23%. Der Anteil des in den chinesischen Großstädten insgesamt in den 1950er Jahren enteigneten Wohnraums lag zwischen 40% und 80%. Vgl. THÜMMEL (Fn. 7), S. 53

[51] 1985 waren noch 18% der städtischen Wohnflächen in Privatbesitz, wovon 80% durch die Eigentümer genutzt wurden. Vgl. THÜMMEL (Fn. 7), S. 55

[52] Mit privatem Wohneigentum wurde generell nicht so streng verfahren wie mit privatem Grundeigentum. Vgl. hierzu THÜMMEL (Fn. 7), S. 40-66

[53] Dem Land an sich wurde jegliche Wareneigenschaft abgesprochen. (Anm. d. Verf.)

„The interest in the land, if there was even an interest, was at most a bare license from the state; i.e., the mere right to enter upon the land and use it for a particular purpose."[54]

Der in den 1960er Jahren massiv einsetzende Urbanisierungsprozess führte zu einer Expansion des städtischen Wohnraumbedarfs.[55] Der beständige Mangel an ausreichendem Wohnraum in den urbanen Gebieten Chinas nahm besonders in den 1970er Jahren stark zu. Als logische Folge verknappte sich die Pro-Kopf-Wohnfläche der Stadtbevölkerung von 4,5 qm im Jahr 1950 auf nur noch 3,6 qm 1978.[56]

Die Wohnungsversorgung und die Bauwirtschaft wurden seit Gründung der VR China durch die sogenannten „*danwei*"[57] betrieben, die als Selbstverwaltungseinheiten innerhalb der Städte ausgelegt waren und dem chinesischen Bürger neben einem Arbeitsplatz auch Wohnraum, Gesundheitsversorgung und Lebensmittelversorgung bieten sollten. Über dieses System wurden zwischen 1949 und 1978 insgesamt 44,793 Mrd. Yuan in den städtischen Wohnungsbau investiert,[58] wodurch jedoch der Unterversorgung der chinesischen Volkswirtschaft mit Wohnraum nicht wirksam begegnet werden konnte.

3 Die Reformen seit 1979

3.1 Die Phase der Marktbelebung 1979-1990

3.1.1 Der Beginn der Umstrukturierung von Bodenordnung und Immobilienwirtschaft

Gegen Ende der 1970er Jahre waren die Folgen der planwirtschaftlichen Misswirtschaft in der Bodennutzung sowie im städtischen und ländlichen Immobilienwesen nicht mehr zu übersehen. Die dominierende Rolle der öffentlichen Zuteilung von Wohnraum durch die Kollektive war fest in allen chinesischen Städten verankert. Die mannigfaltigen Probleme dieser planwirtschaftlichen Strukturen bestanden neben der chronischen Wohnungsknappheit auch in ei-

---

[54] BARTON 1990, S. 23-24

[55] Vgl. LIU 1998, S. 128-130

[56] YEAR BOOK OF CHINA REAL ESTATE MARKET 1999, CD ROM Publikation

[57] Damit sind die städtischen Arbeitskollektive gemeint, die jeweils Kollektiveigentümer eines Teil des städtischen Bodens waren. Durch die *danwei* wurde das Ziel der idealen sozialistischen Stadt verfolgt, in der die Wege zwischen Arbeitsplatz und Wohnort möglichst kurz gehalten werden sollten und der Bürger alle Dinge des täglichen Bedarfs in unmittelbarer Umgebung seines Arbeits- und Wohnbezirks findet. (Anm. d. Verf.)

[58] YEAR BOOK OF CHINA REAL ESTATE MARKET 1996, CD ROM Publikation

nem korrupten Verteilungssystem, sehr niedrigen Mieteinnahmen[59] und einer mangelhaften Administration der gesamten volkseigenen Immobilien und Liegenschaften.[60]

Da in den Städten ebenso wie auf dem Land keine Bodenpreissysteme existierten, besaßen Grundstücke in Zentrumslagen theoretisch den selben Wert wie an der Peripherie. In Folge der fehlenden Steuerung durch die Stadtverwaltungen führte dies in vielen Städten zur unkontrollierten Ausbreitung von Lagerhäusern, Produktionsstätten und anderen Industrieanlagen in Stadtzentren und zu einer vergleichsweise geringen Wohndichte in den Innenstadtgebieten. Da die Nutzer von Grund und Boden wegen der fehlenden Verkehrsfähigkeit des Landes keinen Anreiz zum sparsamen Bauen hatten, ergaben sich vollkommen irrationale Flächenverhältnisse.[61]

Zudem hatte die neue chinesische Staatsführung erkannt, dass man sich mit der konsequenten Umsetzung der Theorie von der absenten Wareneigenschaft des Bodens einer bedeutsamen Einnahmequelle beraubt hatte. Mit Beginn der wirtschaftlichen Reformbewegungen und der Öffnung Chinas nach Außen[62] ergaben sich neue Möglichkeiten, diese Missstände beizulegen. Unter den beschlossenen „Vier Modernisierungen“ (Landwirtschaft, Landesverteidigung, wissenschaftlich-technischer Sektor und Industrie) nahm die Reformierung des städtischen Wohnungssystems spätestens mit der Regierungserklärung Deng Xiaopings eine Sonderstellung ein.

Die neue chinesische Führung war sich der Tatsache bewusst, dass der Aufbau einer effizienten Wirtschaftsordnung ohne die Existenz eines funktionierenden Grundstücks- und Immobilienmarktes als einem der wichtigsten Produktionsfaktoren nicht möglich sein würde. Daher stellte sie eine baldige Öffnung des Immobilienmarktes für Kauf, Verkauf und Miete in Aussicht.[63]

---

[59] Als Folge standen sehr wenig Gelder für Instandhaltung, Wartung, Neubau etc. zur Verfügung. (Anm. d. Verf.)

[60] Vgl. WANG/ MURIE (Fn. 45), S. 1475-1476; HIN 1996, S. 35-36

[61] Vgl. XIE et al. (Fn. 45), S. 1377; WANG/ MURIE (Fn. 45), S. 1477; THÜMMEL (Fn. 7), S. 56-58

[62] Diese Periode wurde auf dem 3. Plenum des XI. Zentralkomitees der KPCh im Dezember 1978 mit dem politischen Durchbruch von Deng Xiaoping eingeleitet. Vgl. DIETRICH 1986, S. 224-228; SANDSCHNEIDER 2000, S. 180-182

[63] Vgl. YAO (Fn. 31), S. 54-55

Mit dem „Joint-Venture-Gesetz“ von 1979[64] wurde eine wesentliche Voraussetzung für ausländische Direktinvestitionen geschaffen. Chinesischen Firmen war es nunmehr möglich, Bodennutzungsrechte[65] als quantifizierbaren Bilanzposten in gemeinschaftliche Unternehmen einzubringen.

Im selben Jahr wurde eine Reihe von Experimenten zur Stadtentwicklung und Immobilienverwaltung in ausgewählten Sonderzonen[66] gestartet. Erste Immobilienentwicklungsunternehmen wurden gegründet.[67] Am 3.12.1983 wurden die „Bestimmungen für die Verwaltung kommerzialisierten Immobilieneigentums“ für die Sonderzone Shenzhen erlassen, wodurch die Wohnung auf diesem zunächst experimentellen Markt wieder vom „Wohlfahrtsgut zur Ware“ wurde.[68]

3.1.2 Die Einführung von Landnutzungsgebühren und Landnutzungsrechten

Die Bodenordnung wurde ebenfalls reformiert. So begannen im Jahr 1982 mehrere Pilotprojekte zur Erhebung von Bodennutzungsgebühren in den Städten Shenzhen und Guangzhou.[69] Die Einführung der Landnutzungsgebühren intensivierte die Etablierung des Bodenmarktes, indem das öffentliche Interesse am Wert des Landes gefördert wurde, verbunden mit dem Anspruch, für die Nutzung dieses Landes in Zukunft auch zu bezahlen. In diesem Zusammenhang wurde verdeutlicht, dass die Lage als wesentliche Determinante des Bodenwertes künftig mit einer Vielzahl unterschiedlicher Gebühren berücksichtigt werde.

Ab Mai 1984 wurden landesweit zum ersten Mal Bodennutzungsgebühren und –steuern differenziert nach Lage und Nutzung der jeweiligen Grundstücke erhoben.[70] 1986 wurde zur Reformierung des städtischen Liegenschaftssystems ein staatliches Bodenverwaltungsamt (*guojia udi guanliju*) gegründet, dem lokale Behörden in den Städten untergeordnet waren.

---

[64] Das Joint-Venture-Gesetz ist am 8.7.1979 in Kraft getreten. Hierin wurde unter Anderem fest gelegt, dass chinesisch-ausländische Joint-Ventures staatlichen Boden gegen Zahlung von Landnutzungsgebühren bebauen können. Vgl. LEUNG (Fn. 4), S 449-552. Zur Thematik der Nutzungsgebühren siehe nachfolgende Kapitel. (Anm. d. Verf.)

[65] Zur Thematik der Bodennutzungsrechte siehe nachfolgende Kapitel. (Anm. d. Verf.)

[66] Zum Beispiel in Zhengzhou und Siping. Vgl. YAO (Fn. 31), S. 54; WEISS 2000, S. 247

[67] Ihre Zahl stieg von 12 im Jahr 1981 auf 24.378 im Jahr 1998 an. CHINA STATISTICAL YEAR BOOK 1999, CD ROM Publikation

[68] Vgl. WEISS (Fn. 66), ebd.

[69] Zunächst wurde dieses Verfahren nur bei ausländischen Unternehmen angewandt. Innerhalb von zwei Jahren wurde diese Praxis jedoch sukzessiv auch auf chinesische Firmen erweitert. Vgl. XIE et al. (Fn. 45), S. 1377; YAO (Fn. 31), S. 55

[70] Vgl. XIE et al. (Fn. 45), S. 1377-1378 ; WANG/ MURIE (Fn. 45), S. 1477; YAO (Fn. 31), S. 56

Das reformierte Grundstückswesen behält das alleinige Eigentum des Staates an städtischen Grundstücken bei.[71] Seit der Verfassungsänderung im Jahr 1988 können jedoch in- und bedingt auch ausländische Rechtspersonen die Rechte an der Landnutzung[72] vom chinesischen Staat erwerben.[73] Artikel 10 der Verfassung legt ausdrücklich die Möglichkeit des Erwerbs von Bodennutzungsrechten fest.[74]

> „Bodennutzungsrechte können gemäß den gesetzlichen Bestimmungen übertragen werden."

Die Landnutzungsrechte sind in zwei große Kategorien zu unterteilen, die exklusiv nebeneinander bestehen.

Staatlich zugeteilte Landnutzungsrechte

Die staatlich zugeteilten Nutzungsrechte werden unentgeltlich nach Genehmigung vom Bodenverwaltungsamt auf unbestimmte Dauer zur Nutzung übertragen.[75] Der Nutzer erhält jedoch nur ein beschränktes Recht, das jederzeit vom Staat widerrufen werden kann. Als Baugrund ist das zugeteilte Land nur unter bestimmten Voraussetzungen und mit Genehmigung der Volksregierung ab Kreisebene nutzbar. Für den Fall der Rückforderung des Landnutzungsrechtes durch den Staat kann für die errichteten Gebäude eine Entschädigung gezahlt werden.

Ein zugeteiltes Bodennutzungsrecht kann nicht verpachtet, belastet oder übertragen werden. Es besteht die Möglichkeit gegen Zahlung des Erwerbspreises das zugeteilte Nutzungsrecht in einen rechtsgeschäftlichen Erwerb umzuwandeln.[76] Damit erhält der Berechtigte das Landnutzungsrecht in vollem Umfang einschließlich der Übertragbarkeit und Belastbarkeit. In der Praxis ist diese

[71] Das Ackerland gehört weiterhin den ländlichen Kollektiven. Staat und Kollektive sind jedoch keine gleichberechtigten Eigentümer, da der Staat jederzeit „im öffentlichen Interesse" kollektiveigenen Grund und Boden enteignen kann. Dies ist in der Vergangenheit insbesondere im Zuge des Städtewachstums geschehen. Vgl. STRICKER 1995, S. 6-7; JOOS (Fn. 39), S. 443; THÜMMEL (Fn. 7), S. 62-66

[72] Diese werden von STRICKER (Fn. 71), S. 7, mit der deutschen Erbpacht verglichen – dem widerspricht jedoch THÜMMEL (Fn. 7), S. 152 ausführliche Anm. in Fn. 529.
JOOS (Fn. 39), S. 444, spricht in diesem Zusammenhang von einer „Art des Nießbrauchs (...), der dem deutschen Erbbaurecht entspricht." Jedoch stelle das Landnutzungsrecht ein die chinesischen Besonderheiten widerspiegelndes Element des Immobiliarsachenrechts dar.

[73] Entsprechend der Ausrichtung dieser Arbeit sollen im folgenden Verlauf primär die Bodennutzungsrechte innerhalb der Städte Gegenstand der Betrachtungen sein. (Anm. d. Verf.)

[74] Aktueller Zusatz des Artikels 10 Abs. 4 der „Verfassung der VR China" (Fassung vom 29.3.1993). Deutsche Übersetzung von HEUSER 1997, S. 25. Wortlaut auszugsweise im Anhang dieser Arbeit. (Anm. d. Verf.)

[75] § 22 Abs. II „Immobilienverwaltungsgesetz" (In Kraft seit 1.1.1995). Wortlaut auszugsweise im Anhang dieser Arbeit. § 43 I „Vorläufige Regeln für die Überlassung und Übertragung des Nutzungsrechts an staatseigenem Land" (In Kraft seit Mai 1991)

[76] § 39 Abs. I „Immobilienverwaltungsgesetz" (Anm. d. Verf.)

Art der Rechtvergabe primär für die Landnutzung durch Militär, Staatsorgane, Infrastruktur und Energieprojekte vorgesehen.[77]

Erworbene Nutzungsrechte

Rechtsgeschäftlich durch Ausschreibung, Vertragsschluss oder Versteigerung erworbene Nutzungsrechte[78] am staatseigenen Land werden nur für einen festgelegten Zweck von den staatlichen Behörden genehmigt.[79] Die rechtliche Stellung des Berechtigten ist dabei mit der eines Eigentümers vergleichbar. Jedoch besteht der wesentliche Unterschied in der zeitlichen Begrenzung des Nutzungsrechtes.

Die Dauer des gewährten Nutzungsrechts hängt von der Art der darauf errichteten Gebäude ab. Landesweit betragen die Nutzungsfristen für Wohngebäude 70 Jahre, für Büros, Gewerbe- und Freizeitimmobilien 40 Jahre, für Industrieanlagen 50 Jahre und für Multifunktionsimmobilien ebenfalls 50 Jahre.[80] Nach Ablauf der Frist fallen die Nutzungsrechte kompensationslos an den Staat zurück. Dies betrifft auch die im Laufe der Frist auf den Grundstücken errichteten baulichen Anlagen. Es besteht jedoch die Möglichkeit der Fristverlängerung und des Vorkaufsrechts bei der folgenden Vergabe des Bodennutzungsrechts.[81] Der Inhaber eines rechtsgeschäftlich erworbenen Landnutzungsrechts erhält umfassende Befugnisse über das zugewiesene Recht am Grundstück. Ein Verfahren nach freiem Belieben ist hingegen als bedeutende Unterscheidung zum deutschen Recht ausgeschlossen, da die Befugnisse durch den Landnutzungsvertrag beschränkt sind.

Das Bodennutzungsrecht kann nach Genehmigung auch an Dritte übertragen werden, es ist vererbbar und belastbar. Der letztgenannte Punkt ist be-

---

[77] Dies war bereits vor der Festlegung in § 23 „Immobilienverwaltungsgesetz" übliche Praxis. Vgl. JOOS (Fn. 39), S. 449; STRICKER (Fn. 71), S. 8-9

[78] JOOS (Fn. 39), S. 445, spricht hier auch von "überlassenen Landnutzungsrechten". Im folgenden Verlauf sollen beide Termini gleichwertig nebeneinander Verwendung finden. (Anm. d. Verf.)

[79] Vgl. XIE et al. (Fn. 45), S. 1478 ; STRICKER (Fn. 71), S. 10-11

[80] Vgl. KITTLAUS (Fn. 46), S. 60; YANG/ ZHAO 2000, S. 217; STRICKER (Fn. 71), S. 10; JOOS (Fn. 39), S. 446; XIE et al. (Fn. 45), S. 1378-1379

[81] Vgl. JOOS (Fn. 39), S. 446-447; XIE et al. (Fn. 45), S. 1478; STRICKER (Fn. 71), S. 10-11; THÜMMEL (Fn. 7), S. 159-161, weist ausdrücklich auf den fehlenden Rechtsanspruch bzw. auf die auch nach neuer Regelung wenig befriedigenden drei Varianten hin. Danach könnte das Nutzungsrecht gegen Zahlung eines neuerlichen Entgelts verlängert werden, die Verlängerung des Nutzungsrechtes könnte wegen Nichteinhaltung der Frist abgelehnt werden oder das Nutzungsrecht könnte nicht verlängert werden, weil das Grundstück „aus Gründen des öffentlichen Wohls" konfisziert wird. Detaillierter zu dieser Thematik siehe Kap. 4.5.1 „Ungelöste Entschädigungsregelungen". (Anm. d. Verf.)

sonders hinsichtlich der Aktivitäten des Bankensektors für die Beleihungswertermittlung im Bereich der Immobilien- und Projektfinanzierung von Bedeutung.[82]

Zuständige Behörden für die entgeltliche Veräußerung der Landnutzungsrechte sind die Bodenverwaltungsbehörden ab der Kreisstufe, die stellvertretend für den Staat das Eigentumsrecht ausüben. In den meisten Regionen Chinas werden die Bodennutzungsrechte über individuelle Verträge unter Ausschluss von Wettbewerbsbedingungen vergeben.[83] Im Anschluss an den Erwerb muss die Registrierung bei der Volksregierung auf Kreisebene erfolgen, die dem Eigentümer das Nutzungsrecht urkundlich bestätigt. Bei jeder anschließenden Übertragung oder Änderung der Art des Landnutzungsrechts ist eine neuerliche Registrierung[84] vorgeschrieben. Generell gilt der Grundsatz der Einheitlichkeit der Rechtsverhältnisse zwischen den errichteten Gebäuden und dem dazugehörigen Bodennutzungsrecht.

Voraussetzung für den Rechtserwerb an einem städtischen Grundstück ist die Zahlung einer Gebühr[85] an die entsprechenden staatlichen Behörden.

Damit hat sich die chinesische Republik eine nicht versiegende Einnahmequelle geschaffen. Laut Statistik für das Jahr 1989 betrugen die Staatseinnahmen allein aus der Veräußerung von Landnutzungsrechten 673 Mio. Yuan.[86] 1992 beliefen sich die vereinnahmten Gebühren bereits auf rund 50 Mrd. Yuan, womit sich die Beträge innerhalb von nur drei Jahren nahezu verhundertfacht haben.[87]

---

[82] Vgl. XIE et al. (Fn. 45), S. 1378

[83] Versteigerungen und öffentliche Ausschreibungen wie in den Anfangszeiten der Reform finden nur sehr selten statt. Deutliche Kritik wird in letzter Zeit zunehmend an den undurchsichtigen Vergabeverfahren laut. Besonders prekär ist die Lage, wenn örtliche Bodenverwaltungsbehörden selbst Immobilienentwicklungsgesellschaften gründen, um gemeinsam mit den ortsansässigen Banken bei Veräußerungen aufzutreten. Vgl. THÜMMEL (Fn. 7), S. 155-158; PAULUS 1997, S. 67; HIN (Fn. 60 S. 40. Ähnliche Einwände erheben LI/ ROZELLE 1998, S. 433-437, bezüglich der Vorgehensweise bei der Allokation des Grund und Bodens in den ländlichen Regionen Chinas.

[84] Wobei analog zum deutschen Recht sämtliche Änderungen erst mit dem Tag der Registrierung Wirksamkeit erlangen. Vgl. JOOS (Fn. 39), S. 444-445

[85] Bislang gibt es keine einheitliche Preisregelung. Die Grundstücke werden in regionale Kategorien unterteilt, denen bestimmte Preise zugeordnet sind. In der Praxis entspricht die zu entrichtende Gebühr dem Kaufpreis Vgl. STRICKER (Fn. 71), S. 10; JOOS (Fn. 39), S. 447-448. Wesentlich ist die Unterscheidung zwischen der Erwerbsgebühr (Landnutzungsgebühr) und weiteren anfallenden Gebühren. Der Einfallsreichtums lokaler Behörden bei der Suche nach neuen Einnahmequellen aus dem Immobilienmarkt kann nicht Gegenstand dieser Abhandlung sein. Es sei jedoch an dieser Stelle erwähnt, dass diese Problematik zu einer unüberschaubaren Vielfalt von Abgaben, Nebenkosten, Steuern und tatsächlichen Gebühren geführt hat. Der Verfasser bemüht sich im Anhang dieser Arbeit um eine ansatzweise Auflistung der recherchierten häufigsten Kosten. (Anm. d. Verf.)

[86] Zur Umrechnung: 1 US $ entspricht seit 1994 ca. 8,30 Yuan. (Anm. d. Verf.)

[87] Vgl. THÜMMEL (Fn. 7), S. 59. Weitere Einzelbeispiele für Preiskategorien siehe Anhang dieser Arbeit. (Anm. d. Verf.)

1987 wurden erstmals überlassene Landnutzungsrechte in einem staatlichen Ausschreibungsverfahren und öffentlichen Auktionen veräußert. Dies bot den notwendigen Auftakt für das Wachstum des Immobilienmarktes in den Sonderwirtschaftszonen und in den Küstenstädten. Allmählich setzten sich Kriterien ökonomischer Effizienz und die Auffassung des Bodens als wirtschaftliche Ressource durch.

Die chinesische Regierung forcierte mit allen Mitteln die Privatisierung der Wohnungswirtschaft, da für die Sanierung der maroden volkseigenen Wohnungsverwaltungen keine Mittel im Staatshaushalt zur Verfügung standen. Ebenso wurde der Aufgabenbereich der *danwei* erweitert, die fortan ihre Mitglieder zum Eigentumserwerb ermuntern sollten. Seit 1979 werden chinesische Unternehmen angehalten, durch sogenannte „Eigensammlungen" in die Immobilienentwicklung zu investieren, wobei ihnen ein kleiner Teil dieser Fonderträge zufällt. Diese offizielle Politik veranlasste die Staatsunternehmen, eigene Lösungen für die landesweite Wohnungsknappheit der 1970er und 1980er Jahre zu entwickeln. Die wichtigste Voraussetzung für den Beginn privaten Engagements in der Immobilienwirtschaft war jedoch mit der Legalisierung der Landnutzungsrechte geschaffen.[88]

3.1.3 Die Auswirkungen auf den Immobilienmarkt

Durch die zuvor beschriebenen Strukturreformen der Öffnung des Immobilienmarktes für ausländische Investoren, der gesetzlichen Verankerung einiger Eigentumsrechte und der Dezentralisierung des Kapitals wurde es möglich, die Sanierung und Entwicklung der in den vierzig Jahren zuvor verwahrlosten Städte zu beginnen.

Die augenfälligen Änderungen spiegelten sich primär in drei Bereichen des Grundmusters chinesischer Großstädte wider: in der fortschreitenden Spezialisierung des Landnutzungsrechtssystems, in der Entwicklung des Verkehrsnetzes und in beständig wachsenden Gebäudehöhen.[89]

Während 1979 noch weit über 90% aller Immobilieninvestitionen direkt aus Peking getätigt wurden, betrug der Anteil dieser staatlichen Interventionen

---

[88] Das jeweilige regionale Recht rückte in den vergangenen Jahren jedoch verstärkt in den Vordergrund. Die Unterschiede beziehen sich dabei im Wesentlichen auf die Länge der Nutzungsdauer. Siehe hierzu Kap. „Teilmarkt Shanghai". (Anm. d. Verf.) Bei weiterführendem Interesse bezüglich der Besonderheiten der zugeteilten und erworbenen Landnutzungsrechte siehe JOOS (Fn. 39), S. 443-455; STRICKER (Fn. 71), S. 8-9. Weitaus detaillierter bei THÜMMEL (Fn. 7), S. 147-170

[89] Vgl. GAUBATZ 2001, S. 1498

1988 nur noch 16%. Weitere 6% wurden von den jeweiligen regionalen Regierungen beigesteuert. Im gleichen Zeitraum finanzierten die *danwei* 52% der jährlichen Immobilieninvestitionen.[90]

Durch diese gravierenden Verschiebungen in der Finanzierungsstruktur kam es in vielen chinesischen Städten innerhalb kürzester Zeit zu einem Boom in der Bau- und Immobilienwirtschaft. Zu Beginn der Reformen wurden jährlich vom Staat und den *danwei* 65 Mio. qm neue Wohnfläche projektiert. Anschließend war ein stetiger Anstieg der Bautätigkeit zu verzeichnen, wobei 1985 das Jahr mit der quantitativ erfolgreichsten Bautätigkeit war. Zu diesem Zeitpunkt wurden Neubauten im Ausmaß von 125 Mio. qm errichtet.[91] In den zwei Jahren zwischen 1987 und 1989 wurden allein 153 Millionen qm Bruttonutzfläche nicht mehr in der üblichen Form durch die *danwei* oder Staatsunternehmen, sondern von städtischen Entwicklungsgesellschaften errichtet.[92] Die Bautätigkeit im Wohnimmobilienbereich schwächte sich in Folge der innenpolitischen Konflikte im Jahr 1989 kurzzeitig ab.

Die durchschnittliche Wohnfläche pro Kopf stieg in Folge der Reformen kontinuierlich an. Während sie 1979 noch bei 3,9 qm lag, war sie Mitte 1989 bereits auf 6,7 qm angewachsen.

Die Baukosten stiegen von durchschnittlich 100 Yuan/ qm im Jahr 1979 auf 290 Yuan/ qm im Jahr 1989 an.[93] Dementsprechend hätten die rationalen Mieten ebenfalls einen Anstieg aufweisen müssen. Sie verharrten jedoch in allen Jahren konstant bei nur 0,13 Yuan/ qm. Diese Miete hätte nicht einmal für die Kostendeckung im Jahr 1979 ausgereicht. 1989 unterlief sie die wirtschaftlich effektive Kaltmiete pro qm Wohnfläche um 3,50 Yuan/ qm.[94]

Die staatlichen Subventionen im chinesischen Wohnimmobilienmarkt nahmen demnach stark zu. Zu Beginn der Öffnungspolitik wurde ein qm Wohnfläche durchschnittlich mit 1,12 Yuan im Monat subventioniert. 1989 lag die Rate der monatlichen Subvention pro qm Wohnfläche bereits bei 3,5 Yuan.

---

[90] Vgl. WU 1996, S. 1610

[91] Vgl. WU (Fn. 90), S. 1611

[92] Vgl. WANG/ MURIE (Fn. 45), S. 1480. Es sollte hier jedoch angemerkt sein, dass viele ehemalige Staatsunternehmen durch undurchsichtige Vorgänge in „marktwirtschaftliche“ Immobilienentwicklungsgesellschaften umgewandelt wurden. In den öffentlichen Statistiken wurde bislang „vergessen“, diesen Sachverhalt adäquat zu berücksichtigen. (Anm. d. Verf.)

[93] Die Landnutzungsgebühren, Steuern und Kosten für Umsiedlungsmaßnahmen sind nicht im Baukostenindex inbegriffen. (Anm. d. Verf.)

[94] Die tatsächliche Monatsmiete pro qm Wohnfläche betrug in allen Jahren des betrachteten Zeitraums 0,13 Yuan. Eine der Realität entsprechende Mietzahlung hätte sich im Jahr 1979 bereits auf 1,25 Yuan/ qm (für 1989 entsprechend 3,63 Yuan/ qm Wohnfläche) belaufen müssen. Vgl. WU (Fn. 90), S. 1617

Die staatlichen seit 1979 errichteten Neubauten wurden zusätzlich jährlich mit zunächst 0,66 Yuan/ qm im Jahr 1979 und schließlich mit 3,08 Yuan/ qm im Jahr 1988 subventioniert. Allgemein kann davon ausgegangen werden, dass über den betrachteten Zeitraum hinweg 75% aller Wohnungen vom chinesischen Staat subventioniert wurden.[95]

3.2 Die Phase des Marktwachstums seit 1990

3.2.1 Die Weiterentwicklung der Rechtsverhältnisse und staatliche Wohnungspolitik

Bis zum Ende der 1990er Jahre sind die Regelungen zur Bodenordnung und zum Immobilienmarkt ständig erweitert worden. Es wurden zudem umfangreiche administrative Regelwerke zum Steuer-, Kredit- und Hypothekenrecht erlassen, wodurch das Immobilienrecht mittlerweile landesweit einheitlich kodifiziert werden konnte. Wesentlicher Hintergrund hierbei ist die Vereinheitlichung der Steuer- und Abgabenordnung und die Gewährleistung der Kontrollfunktion von Partei und Regierung über das reformierte städtische Immobilienwesen. Parallel dazu haben verschiedene regionale Anordnungen ihre Gültigkeit beibehalten. Damit hat sich die aktuelle Situation für Investoren im chinesischen Immobilienmarkt verkompliziert, bietet andererseits jedoch auch neue Chancen.[96] Im Folgenden sollen die wichtigsten Neuerungen der 1990er Jahre vorgestellt werden.

Eine sinnvolle Innovation war zunächst die Einführung einer Steuer für private Nutzung von Ackerland. Seit Beginn der Wirtschaftsreformen war ein ständig steigender Missbrauch von Ackerland zu verzeichnen.[97] Die Einführung einer ökonomischen Messbarkeit des knappen Ackerlandes ermöglichte es, innerhalb weniger Jahre die permanent gewachsene Nachfrage nach billigem Ackerland für die unkontrollierte Ausdehnung der Großstädte zu zügeln. Besonders erwähnenswert ist in diesem Zusammenhang die gesetzliche Grundlage,

---

[95] Vgl. WU (Fn. 90), S. 1617; WORLD BANK 1992, S. 39

[96] Vgl. YANG/ Zhao 2000, S. 219; STRICKER (Fn. 71), S. 5-6; KITTLAUS (Fn. 46), S. 59 Zentrale Fragen zu Eigentum an Gebäuden bei Übertragung von Landnutzungsrechten, Fristen und Überlassungsformen werden durch die am 19.5.1990 erlassenen „Vorläufigen Regeln für die Überlassung und Übertragung des Nutzungsrechtes an städtischem staatseigenem Land“ geregelt. Weitere den Immobilienmarkt betreffende nationale Regelungen finden sich im „Landwirtschaftsgesetz“, in den „Vorläufigen Bestimmungen zur Bodenmehrwertsteuer“ von 1993 und im „Gesetz zur Verwaltung städtischer Immobilien“. (Anm. d. Verf.)

[97] Allein im Jahr 1994 betrug der Verlust an landwirtschaftlicher Produktionsfläche ca. 90 Mio. Hektar. Vgl. LINDEN (Fn. 46), S. 29-32

die mit dem „Landverwaltungsgesetz“ vom 4.1.1991 geschaffen wurde. Wichtige Intention dieses Gesetzes ist die Entwicklung eines einheitlichen Landverwaltungssystems, um Investitionsanreize insbesondere für ausländische Unternehmen im Immobiliensektor zu erhöhen. Es bietet die Basis für die Erstellung eines Landkatasters, das wiederum Grundstücksklassen bestimmt und somit die notwendigen Voraussetzungen für eine Berechnung der Nutzungsgebühren und Steuern schafft. Weitere nationale Gesetze sollen die staatliche Kontrolle über den Immobilienhandel sichern und Spekulationsgeschäften mit Landnutzungsrechten begegnen.

Die wichtigste Grundlage für die Vermarktung unbebauter städtischer Grundstücke ist in der betrachteten Zeitspanne durch die Übertragung der Bodennutzungsrechte (*tudi shiyongquan*)[98] geschaffen worden. Dabei handelt es sich um ein Modell, das speziell für langfristige ausländische Investitionen entwickelt worden ist. Für eine Weiterveräußerung der Bodennutzungsrechte müssen verschiedene Voraussetzungen erfüllt sein. Zum Verkaufszeitpunkt muss die Gebühr für die Gewährung des Bodennutzungsrechts vollständig bezahlt sein und es muss zumindest ein Viertel der vertraglich geregelten Investitionsleistungen erbracht sein.[99] Weitere Vorschriften regelt das am 1.1.1995 in Kraft getretene „Gesetz der Volksrepublik China zur Verwaltung städtischer Immobilien“.[100]

Das „Gesetz zur Verwaltung städtischer Immobilien“

Grundsätzlich wird in Übereinstimmung mit der chinesischen Tradition zwischen Rechten an Grundstücken und Rechten an Gebäuden unterschieden. Während man an Grundstücken, wie im vorangegangenen Kapitel beschrieben, nur Nutzungsrechte erwerben kann, kann an Gebäuden direkt Eigentum erworben werden. Bei Belastungen werden Grundstücke und Gebäude stets getrennt behandelt. Demzufolge gibt es in der staatlichen Administration auch zwei verschiedene Register- und Urkundensysteme:

- das Register für die Eintragung für Rechte an Gebäuden, betreut durch die Gebäudeverwaltungsbehörden (*fangchan guanli bumen*) und

---

[98] Der erste Modellversuch hierzu wurde erfolgreich in Shanghai durchgeführt. Siehe hierzu Kap. 4.4 der vorliegenden Arbeit. (Anm. d. Verf.)

[99] Mit dieser Vorschrift soll primär die Grundstücksspekulation bekämpft werden. Vgl. THÜMMEL (Fn. 7), S. 161-162; PAULUS (Fn. 83), S. 66; KITTLAUS (Fn. 46), S. 61

[100] Am 5.7.1994 auf der 8. Sitzung des Ständigen Ausschusses des VIII. NVK angenommen. Wortlaut auszugsweise im Anhang dieser Arbeit. Deutsche Übersetzung von PAULUS (Fn. 83), S. 69-79

- das Register für die Eintragung für Rechte an Grundstücken, geleitet durch die Bodenverwaltungsbehörden (*tudi guanli bumen*).[101]

Das „Immobilienverwaltungsgesetz" verbindet erstmalig Regelungen für Gebäude und Bestimmungen für die Landnutzung miteinander. Es besitzt Gültigkeit für alle Stadtgebiete der VR China und enthält Vorschriften zur Bekämpfung der Probleme des Immobilienmarktes[102] und zur Arbeitsweise der Immobilienentwicklungsgesellschaften. Es schreibt vor, dass eine Gesellschaft, die Landnutzungsrechte erworben hat, innerhalb eines gesetzlich definierten Zeitrahmens mit den Entwicklungsarbeiten beginnen muss. Für grobe Verzögerungen sind Vertragsstrafen zu zahlen, nach zwei Jahren werden die Landnutzungsrechte ersatzlos entzogen.[103] Neu geregelt sind nun auch die weit verbreiteten Finanzierungsformen von Großprojekten durch Vorabverkauf von Bürokomplexen und Appartements. Dazu legt § 44 fest, dass für einen geplanten Vorverkauf eine Gebäudevorverkaufsgenehmigung der Gebäudeverwaltungsbehörde der Volksregierung vorliegen muss.[104] Das „Immobilienverwaltungsgesetz" trifft auch zum ersten Mal in der postmaoistischen Ära einheitliche Regelungen zur hypothekarischen Belastung von Immobilien und zur Verpfändung von Landnutzungsrechten.[105] Hierzu bleibt abschließend jedoch anzumerken, dass auch mit diesem richtungsweisenden Gesetz viele Detailfragen noch ungeklärt sind.

Politische Initiativen

In den 1990er Jahren wurden verstärkt staatlich angeordnete Kampagnen zur Forcierung des Wohneigentums durchgeführt. Da Wohnimmobilien als Wirtschafts- und Sozialgüter eine große Bedeutung für die Volkswirtschaft haben, sollen an dieser Stelle auch die jüngeren chinesischen wirtschafts- und sozialpolitischen Maßnahmen zur Förderung des Immobilienmarktes, insbesondere des Wohnungsmarktes, dargestellt werden.[106]

---

[101] Vgl. KITTLAUS (Fn. 46), S. 60; THÜMMEL (Fn. 5), S. 163

[102] Detailliert zu dieser Thematik siehe Kap. 4.5. (Anm. d. Verf.)

[103] § 25 „Immobilienverwaltungsgesetz" vom 1.1.1995. Vgl. hierzu auch JOOS (Fn. 39), S. 448. Auch auf diese Weise soll der allgegenwärtigen Spekulation auf dem chinesischen Immobilienmärkten entgegen gewirkt werden. (Anm. d. Verf.)

[104] In diesem Bereich hatte es die meisten Spekulationen gegeben, indem sich vermehrt Entwicklungsunternehmen nach Erhalt der ersten Raten absetzten und ein unvollendetes Bauprojekt hinterließen. Vgl. PAULUS (Fn. 83), S. 66-67

[105] Vgl. JOOS (Fn. 39), S. 442-452; PAULUS (Fn. 83), S. 64-68; STRICKER (Fn. 71), S. 6-11; THÜMMEL (Fn. 7), S. 155-165

[106] Zu grundlegenden Begriffen und Eigenschaften des Immobilienmarktes siehe Kap. 4.1.1 dieser Arbeit. (Anm. d. Verf.)

Speziell für die Durchführung der wohnungspolitischen Hauptaufgabe der Steigerung des Eigentums wurde bereits 1986 von der chinesischen Regierung die „Führungsgruppe zur Reform des Wohnungswesens“ gegründet, deren primäre Aufgabe darin besteht, die reformpolitischen Vorhaben praktisch umzusetzen. Ab 1990 wurde mehrfach angeregt, das durchschnittliche Mietniveau in den Städten auf wenigstens 15% der Haushaltseinkommen anzuheben, um somit Kaufanreize für den Erwerb von Eigentumswohnungen zu schaffen.[107] Die im öffentlichen Leben noch immer einflussreichen *danwei* unterliefen derartige Vorgaben jedoch, indem sie nominale Mieterhöhungen anschließend durch Ausgleichzahlungen an ihre Genossen kompensierten. Laut staatlicher Anordnung werden seit den 1990er Jahren Wohnungen mit subventionierten Mieten nur noch an einkommensschwache Haushalte vergeben, zu denen nach offizieller Statistik rund 10% der städtischen Bevölkerung zählen.[108]

3.2.2 Die Auswirkungen auf den Immobilienmarkt

Seit Einführung der beleihbaren und transferierbaren Landnutzungsrechte unterliegt die Immobilienbranche einer ungeheuren Dynamik und ist ein wichtiger Impuls für die Entwicklung und Vermarktung unbebauter städtischer Grundstücke geworden. In Folge der günstigeren Rahmenbedingungen für internationale Investoren hat der Immobilienmarkt seinen Mitte der 1980er Jahre begonnenen Aufwärtstrend fortgesetzt. Dies äußert sich in einer weiter zunehmenden Zahl der Immobilienentwicklungsfirmen, einer wachsenden Anzahl von Grundstückstransaktionen und einem starken Anstieg des Eigentumserwerbs zu Beginn der 1990er Jahre. Auch die technische Qualität der Neubauten steigt graduell leicht an und orientiert sich vorwiegend bei Großprojekten in Stadtzentren an westlichen Standards.[109]

Die Zahl der Immobilienentwicklungsfirmen stieg von 3.525 im gesamten Land 1990 auf 28.600 im Jahr 1993 an. Diese starke Aufblähung der Marktteilnehmer musste zwangsläufig zu einer Konsolidierung führen, die ab 1994 einsetzte und etwa vier Jahre anhielt. Die Zahl der Immobilienentwicklungsgesell-

---

[107] Nach offiziellen Erhebungen stagnierten die Nettomieten Mitte der 1990er Jahre unter 0,50 Yuan/ qm, obwohl die staatlichen Vorgaben bereits für das Jahr 1992 Nettomieten von 1,91 Yuan/ qm ansetzten. Diese Pläne konnten selbst Ende 1999 nicht realisiert werden, als die Nettomieten immerhin bereits auf 1,68 Yuan/ qm gestiegen waren. Vgl. KITTLAUS (Fn. 46), S. 68 Anm. in Fn. 186; YAO (Fn. 31), S. 167. (Zum Wechselkurs siehe Fn. 86)
[108] Vgl. WU (Fn. 90), S. 1607; KITTLAUS (Fn. 46), S. 69; YAO (Fn. 31), S. 165
[109] Vgl. YAO (Fn. 31), S. 57-60; JIANG et al. 1998, S. 2105

schaften sank auf 21.286 im Jahr 1997. Nur ein Jahr später arbeiteten bereits wieder 24.378 Gesellschaften auf dem chinesischen Immobilienmarkt.[110]

Ab Beginn der 1990er Jahre wurde innerhalb kürzester Zeit eine große Zahl von gewerblich genutzten Gebäuden, Eigentumswohnungen, Stadtvillen und Industriekomplexen erbaut.[111] Das Stadtbild hat sich insbesondere in Shanghai und Peking durch die wachsende Reihe von Hochhäusern und anderen Landmarks nachhaltig verändert. Hier und in anderen Großstädten entstanden Geschäftszentren mit umfangreichen Dienstleistungsangeboten, die viele ausländische Unternehmen und Banken anzogen.[112]

Büroimmobilienmarkt

Dieser Teilmarkt erfuhr erstmalig einen Aufschwung, der sich mehrheitlich auf die prosperierenden Städte der Küstenregionen, der Hauptstadt und der Sonderwirtschaftszonen beschränkte. Aufgrund der mangelhaften Datenlage zu anderen Landesregionen soll am Beispiel der Stadt Shanghai nachfolgend die rasante Entwicklung der Neubautätigkeit darlegt werden.

1995 wurden in Shanghai rund 300.000 qm Büroflächen fertig gestellt. In den folgenden drei Jahren kam es zu einem drastischen Anstieg der jährlich neu in den Markt eingebrachten Büroeinheiten. 1996 hatten sich die neu hinzukommenden Büroflächen im Vorjahresvergleich nahezu verdreifacht, 1997 mit insgesamt 1,7 Mio. qm mehr als verfünffacht. Auch 1998 hielt diese Entwicklung noch an, bis 1999 in der Konsolidierungsphase und als abgeschwächte Auswirkungen der Asienkrise die Neubautätigkeit rückläufig wurde.[113] Zu dieser Zeit war bereits ein deutlicher Überhang an Büroimmobilien auf dem Markt zu verzeichnen. Aufgrund der gravierenden Probleme des gesamtchinesischen Immobilienmarktes verlief die Bautätigkeit jedoch quantitativ noch längere Zeit auf hohem Stand weiter.[114]

---

[110] YEAR BOOK OF CHINA REAL ESTATE MARKET 1996, CD ROM Publikation
[111] Vgl. WU 1998, S. 1757
[112] Vgl. GAUBATZ (Fn. 89), S. 1509-1511; XIE et al. (Fn. 45), S. 1378
[113] SHANGHAI REAL ESTATE MARKET 2002, S. 50. Die Ereignisse um die Asienkrise und deren Auswirkungen auf die VR China können nicht Gegenstand dieser Arbeit sein. (Anm. d. Verf.)
[114] Eine ausführliche Darstellung der Probleme des chinesischen Immobilienmarktes und deren politische und volkswirtschaftliche Hintergründe wird in den nachfolgenden Kapiteln dieser Arbeit vorgenommen. (Anm. d. Verf.)

Wohnimmobilienmarkt

Auch der chinesische Teilmarkt für Wohnimmobilien wies in den 1990er Jahren eine stetig wachsende Tendenz auf, bei der sich sowohl das mengenmäßige Volumen der am Markt angebotenen Immobilien als auch das Preisniveau selbiger erhöhte.[115] Für das Jahr 1994 war aufgrund der Ende 1993 erfolgten Neuregulierung des Immobilienmarktes durch die Zentralregierung ein Rückgang zu verzeichnen, der jedoch nur kurzzeitig anhielt. Diese Konsolidierung war notwendig, da die zuvor erfolgte Marktexpansion zu schnell erfolgte, woraus sich vielfältige Probleme ergeben hatten.

Das flächenmäßige Angebot aller Neubauten im Wohnimmobilienmarkt[116] wuchs von 240 Mio. qm im Jahr 1992 auf 477 Mio. qm im Jahr 1998 an, was einem durchschnittlichen jährlichen Wachstum von 12,5% entsprach. Obwohl sich der Urbanisierungsprozess in derselben Zeitspanne stetig fortsetzte und die Einwohnerzahlen der Städte einen jährlichen Zuwachs von 11% zu verzeichnen hatten, konnte die durchschnittliche Wohnfläche pro Kopf von 7,1 qm im Jahr 1992 auf 9,3 qm im Jahr 1998 steigen.[117]

Auf dem kommerziellen Wohnungsmarkt kristallisierten sich seit 1990 zwei verschiedene Teilmärkte für Wohnimmobilien heraus; ein Markt für die normalen Standardstadtwohnungen und ein Teilmarkt im Luxussegment für die wachsende Bevölkerungsschicht mit hohen Einkommen und für Ausländer.[118] Das Angebot an neuen Immobilien in guten Innenstadtlagen wuchs aufgrund der verstärkten Nachfrage ab 1990 sprunghaft an und führte innerhalb weniger Jahre zu einem ernsthaften Überhang an erstklassigen Büro- und Wohnimmobilien.[119]

Die Umsetzung des Hauptziels der Kommerzialisierung der früheren staatlichen Wohnungen wurde schrittweise begonnen. Die Gesamtfläche der privatisierten Wohnungen in den chinesischen Städten betrug 1991 9,27 Mio. qm. Im folgenden Jahr zählten Flächen von 14,56 Mio. qm zu dieser Kategorie, was einer Steigerung um 57,14% entspricht. 1993 wurden laut amtlicher

---

[115] Die Rede ist hier vom kommerzialisierten Wohnungsmarkt. (Anm. d. Verf.)

[116] Die Zahlen beziehen sich auf die Gesamtheit der kommerzialisierten und der vom Staat oder den Arbeitseinheiten zugeteilten Wohnungen. Zur Typologisierung der chinesischen Wohnungskategorien siehe Kap. 4.3.1 dieser Arbeit. (Anm. d. Verf.)

[117] CHINA STATISTICAL YEAR BOOK 1999, CD ROM Publikation

[118] Vgl. ERMANN 2000, Internetpublikation

[119] Für das Jahr 1996 wird von der Existenz von mehr als 20.000 Baustellen im Stadtgebiet von Shanghai berichtet. Die Chinesen rühmten sich damit, ein Viertel aller weltweit verfügbaren Krane für sich in Shanghai arbeiten zu lassen. Bestätigungen hierzu finden sich ausschließlich in chinesischer Literatur. Vgl. FU et al. (Fn. 31), S. 50, Anm. in Fn. 1

Statistik bereits 29,43 Mio. qm kommerzialisierten Wohnraums verkauft. In den folgenden zwei Jahren war eine rückläufige Entwicklung zu verzeichnen, die Ende 1995 wieder in einen aufwärts gerichteten Trend umschlug.

Jedoch ist es paradox, dass gerade die staatlichen Arbeitseinheiten in den 1990er Jahren als wichtigste Käufer der eigentlich „kommerzialisierten" Gebäude auftraten. So gingen 85,4% aller Wohnimmobilien auf dem freien Markt an die *danwei*. 8,4% wurden zu stark subventionierten Preisen an private Käufer veräußert und lediglich 5,2% wurden zu den vorgesehenen Preisen verkauft.[120]

Kritisch anzumerken ist, dass auf dem Wohnimmobilienmarkt die meisten Investitionen nicht in den Bereich der dringend benötigten normalen Wohnungen, sondern in den Bau von Luxusappartements geflossen sind. Zudem hatte die Immobilienentwicklungstätigkeit auf allen Teilmärkten ein unüberschaubares Ausmaß angenommen. Unseriöse Geschäftspraktiken von Spekulanten nahmen zu, da die erzielbaren Gewinne auf dem chinesischen Immobilienmarkt der 1990er Jahre weit über denen anderer Branchen lagen.[121]

4 Der heutige chinesische Immobilienmarkt

4.1 Die aktuellen Rahmenbedingungen

4.1.1 Typologisierung und Grundlegungen

Ein „Markt" ist eine gedankliche Zusammenfassung aller für einen geplanten Tausch benötigten Informationen über Preise, Kauf- und Verkaufswünsche anderer Teilnehmer. Er bietet die Gelegenheit, die dafür nötigen Kontakte zwischen den Tauschpartnern herzustellen und ihren Bedarf zu befriedigen. Ein Markt untergliedert sich zumeist in mehrere Teilmärkte, die sich durch räumliche, zeitliche oder sachliche Merkmale der auf ihnen gehandelten Objekte voneinander unterscheiden.[122] Der Immobilienmarkt kann somit als der abstrakte Ort verstanden werden, auf dem die Angebote und Nachfragen nach bestimmten Immobilien ausgetauscht werden.

[120] Vgl. WU (Fn. 90), S. 1613
[121] Vgl. YAO (Fn. 31), S. 62-64; WANG/ MURIE (Fn. 45), S. 1488. Vertiefend zu den negativen Aspekten des chinesischen Immobilienmarktes siehe nachfolgende Kapitel, insbesondere Kapitel 4.5 dieser Arbeit. (Anm. d. Verf.)
[122] Vgl. FEESS 2000, S. 252-253; BASSELER et al. 1998, S. 125; YAO (Fn. 31), S. 36-37

Ein generelles Problem von Immobilienmärkten ist ihre Unvollkommenheit, ihre Abhängigkeit von vorgelagerten Märkten und benachbarten Bereichen,[123] die fehlende Transparenz, die geringe Elastizität der Anpassung des Angebots an Änderungen der Rahmenbedingungen und die parallele Existenz zeitlicher, sachlicher und geografischer Teilmärkte.[124]

In der Praxis existiert keine einheitliche Definition für den Begriff der „Immobilie“. Die Bezeichnungen *Grundstück*, *Liegenschaft*, *Grundvermögen*, *Grund und Boden*, *Gebäude* und andere werden weitgehend synonym verwendet, wobei der Immobilienbegriff auf inhaltlich verschiedene Sachverhalte bezogen wird.[125]

Unter „Immobilienangebot“ versteht man das mengenmäßige Gut Immobilie eines räumlich abgegrenzten Bereiches, das zu periodisch variierenden Preisen am Markt erhältlich ist. Die „Immobiliennachfrage“ ist demzufolge die Menge des Gutes Immobilie, die die Käufer in einem geografisch definierten Markt ceteris paribus bei alternativen Periodenpreisen erwerben wollen.

Bei einer rein ökonomischen Betrachtungsweise kann die Immobilie in einen produktionstheoretischen und einen investitionstheoretischen Hintergrund eingeordnet werden. Bei der produktionstheoretischen Sichtweise[126] steht die Funktion der Immobilie als Produktionsfaktor im vordergründigen Interesse, während Immobilien unter investitionstheoretischen Gesichtspunkten als Kapitalanlagen und Sachvermögen betrachtet werden.

Die verschiedenen Immobilienarten lassen sich nach der Art ihrer Nutzer typologisieren. Entsprechend ergibt sich die Unterteilung in Wohn-, Handels-, Industrie-, Beherbergungs- oder Büroimmobilien.[127] Jede dieser Immobilienarten umfasst einen eigenen Teilmarkt, auf dem jeweils unterschiedliche Angebots- und Nachfragstrukturen vorherrschen. Wertmäßig stellt der Markt für Wohnimmobilien den größten chinesischen Immobilienteilmarkt dar, der mehr als die

[123] Es bestehen enge Verflechtungen zwischen dem Immobilienmarkt und dem Baumarkt, dem Baulandmarkt und dem Kapitalmarkt. Vgl. YAO (Fn. 31), S. 46-47

[124] Detaillierter zu dieser Thematik siehe Kap. 4.2 – 4.4 (Anm. d. Verf.)

[125] Auch im deutschen BGB ist keine einheitliche Verwendung der Begriffe erkennbar. Es wird mehrheitlich von „Grundstücken“ gesprochen. Im folgenden Verlauf der Arbeit soll sich der Immobilienbegriff auf die nach chinesischem Recht autonomen baulichen Einrichtungen beziehen, die gesondert vom Grundstück zu betrachten sind. Siehe hierzu auch Kap. 2. (Anm. d. Verf.)

[126] Auf diese Betrachtungsweise soll im weiteren Verlauf der Arbeit nicht vertiefend eingegangen werden. (Anm. d. Verf.)

[127] Diese Untergliederung kann schwerpunktmäßig fortgesetzt werden. Im weiteren Verlauf soll das vorrangige Interesse den Besonderheiten des städtischen Büro- und Wohnimmobilienmarkts gelten. (Anm. d. Verf.)

Hälfte des Gesamtwertes aller Immobilienteilmärkte ausmacht.[128] Eine andere Unterscheidungsart des Immobilienmarktes ist die regionale Gliederung, wobei eine Klassifizierung der Immobilien nach ihrer geografischen Lage vorgenommen wird. Dabei werden zudem ländliche und städtische Immobilien voneinander abgegrenzt.[129]

Ein weiteres Merkmal von Immobilien ist ihre Langlebigkeit in Abhängigkeit von der technischen Qualität und der Wartung. So führt die Dauerhaftigkeit des Immobilienbestandes dazu, dass ein fertig gestelltes Angebot am Markt verbleibt, wodurch in der Situation eines Angebotsüberhangs die Möglichkeit eines schnellen Marktausgleichs nicht gegeben ist. Zeitliche Anpassungsverzögerungen führen dann zu steigenden Leerständen und Preiseinbrüchen. Ebenso kann das Gleichgewicht in der Marktsituation des Nachfrageüberhangs aufgrund der langen Entwicklungsdauer nur mit zeitlicher Verzögerung erreicht werden.[130] Desgleichen ist die Nachfragereaktion der Immobiliennutzer auf preisliche Verschiebungen unelastisch, da zwischen den verschiedenen qualitativen Stufen der Bedürfnisbefriedigung Substitutionseffekte möglich sind.[131]

Das „Gesetz zur Verwaltung städtischer Immobilien der Volksrepublik China“ konkretisiert weitere grundlegende Begriffe des Immobilienwesens.

In Kapitel 1 § 2 wird „Immobilienentwicklung“ spezifiziert als „...die Errichtung von Infrastrukturen und Gebäuden auf staatseigenem Land...“. Hierfür müssen zuvor die Bodennutzungsrechte erworben und zugewiesen werden.[132] „Immobiliengeschäfte“ umfassen laut Gesetzestext den privaten Transfer von bereits bestehenden Bodennutzungsrechten gegen Entgelt an Dritte (*churang*). Beinhaltet sind hier auch der Verkauf (*zhuanrang*), die pfandrechtliche Belastung (*fangdichan diya*) und die Vermietung von Gebäuden (*fangwu zulin*). „Immobilienmanagement“ schließt gemäß §§ 56-58 neben Verwaltungsarbeiten auch Gutachter-, Makler- und Beratungstätigkeiten zur Immobilienfinanzierung mit ein.

---

[128] Vgl. YAO (Fn. 31), S. 11-16. Siehe detailliert hierzu vollständiges Kapitel 4.3.1 „Der Markt für Wohnimmobilien“. (Anm. d. Verf.)

[129] Im weiteren Verlauf der Arbeit bilden städtische Immobilien den Schwerpunkt der Betrachtungen. (Anm. d. Verf.)

[130] Vgl. BASSELER et al. (Fn. 122), S. 182-188

[131] So wird der Nachfrager an der Grenze des persönlichen Minimums auf Preiserhöhungen nicht mehr reagieren, weil keine Substitutionsmöglichkeiten mehr bestehen. Vgl. FEESS (Fn. 122), S. 208-209; YAO (Fn. 31), S. 68-69

[132] Siehe Kapitel 3.1.2 dieser Arbeit. (Anm. d. Verf.)

4.1.2 Die volkswirtschaftlichen und wirtschaftspolitischen Determinanten und Einflussfaktoren auf Investitionen

Das Investitionsvolumen in den Immobilienteilmärkten ist primär von den Erwartungen der Marktteilnehmer abhängig, wobei die Faktoren Rendite und Investitionssicherheit neben den allgemeinen wirtschaftlichen Rahmenbedingungen ausschlaggebend sind.[133]

Spezielle volkswirtschaftliche Rahmenbedingungen

Die Entwicklung der Immobilienwirtschaft ist vom jeweiligen Entwicklungsniveau vieler anderer vor- oder nachgelagerter Branchen abhängig. Seit der Öffnungspolitik konnte sich die chinesische Baumaterialienindustrie schnell entwickeln, wodurch die Produktionskapazitäten von Holz, Stahl, Zement und Glas deutlich erhöht wurden.[134]

Die Angebotsmengen der Immobilienwirtschaft hängen auch von den Fähigkeiten und dem Stand der eingesetzten Technik der Bauunternehmen ab.[135] Seit dem Ende der 1990er Jahre sind mehr als 23.000 Bauunternehmen mit rund 33 Mio. Beschäftigten am städtischen Immobilienmarkt tätig. Das technische Niveau dieser Branche hat sich ebenfalls erhöht.[136]

Während der Bauwirtschaft auch in anderen Volkswirtschaften eine tragende Rolle in der gesamtwirtschaftlichen Entwicklung zukommt, ist der Stellenwert der Bauindustrie in China für die allgemeine Beschäftigungs- und Einkommenssituation noch weitaus wichtiger einzuschätzen.[137]

Der Bauwirtschaft als einer sehr arbeitsintensiven Branche kann aus vielfältigen Gründen eine Schlüsselposition beim angestrebten Wirtschaftsaufschwung zufallen. So bedarf die Immobilienentwicklung nur weniger staatlicher Investitionen. Weiterhin ist die Versorgung mit den notwendigen Baumaterialien in China generell sicher gestellt, da die Basismaterialien wie Zement und Stahl derzeit auf dem Weltmarkt schwer verkäuflich sind und ein großer nationaler Vorrat existiert. Notwendige Voraussetzung ist die Anpassung des Immobilienprojektierungs- und Zuteilungssystems und der relevanten Wirtschaftspolitik

---

[133] Im Rahmen dieser Arbeit soll das Augenmerk auf den immobilienwirtschaftlichen Determinanten liegen, die im weiteren Verlauf detailliert beschrieben werden. (Anm. d. Verf.)
[134] CHINA STATISTICAL YEAR BOOK 2001, CD-ROM Publikation
[135] Bei dieser Betrachtungsweise wird für die anderen Faktoren wie Boden, Kapital und Materialien Konstanz angenommen. (Anm. d. Verf.)
[136] CHINA STATISTICAL YEAR BOOK 1999, CD-ROM Publikation
[137] Eine solche Situation ist typisch für viele Transformationsländer. (Anm. d. Verf.)

an die spezifischen Gegebenheiten in der VR China, wie die große Bevölkerungszahl, der Kapitalmangel und die knappe Bodenfläche.[138]

Diese Änderungen werden bereits seit Beginn der Öffnungspolitik 1979 phasenweise betrieben.[139] Überdies verfügen viele der städtischen Haushalte in Folge der kontinuierlich gestiegenen Einkommen theoretisch über ausreichend Kaufkraft für den beabsichtigten Wohnungskonsum. Auch setzt sich sukzessiv die marktorientierte Vorstellung durch, dass Immobilien Warencharakter besitzen.

Der neue Immobilienmarkt könnte sich nicht gesund entwickeln ohne eine Vielzahl von unterschiedlichen Spielern und Akteuren, zu denen neben dem Staat auch zahlreiche neue Teilnehmer wie die Arbeitskollektive, Joint-Ventures, Privatunternehmen oder auch ausländische Direktinvestitionen zählen.

> „These nonstate enterprises and businesses are active players in the embryo real estate industry since they have enjoyed more autonomy than the state-owned enterprises in financial planning and investment decision-making."[140]

Normalerweise ist der Marktmechanismus der optimale Weg zur Realisierung des Pareto-Optimums, da auf einem Markt mit vollständiger Konkurrenz die Güterpreise die Allokation der knappen Güter regulieren. Der Zustand des Pareto-Optimums ist dann erreicht, wenn in der gesamten Volkswirtschaft durch die regulative Wirkung der Preise[141] ein Gleichgewicht zwischen Angebot und Nachfrage realisiert ist. In dieser speziellen Situation maximieren alle beteiligten Unternehmen ihre Gewinne, alle Haushalte ihren Nutzen und die Ressourcenallokation ist optimal.[142]

In der Realität existieren die verschiedenen Märkte zwischen den beiden Extrema der vollständigen Konkurrenz und des beiderseitigen Monopols. Überdies werden die Güterpreise in der Praxis nicht ausschließlich vom Verhältnis von Nachfrage zu Angebot determiniert. In Folge des Marktversagens durch verschiedene Defekte und Mängel des Systems wird der Marktmechanismus ausgehebelt und kann somit die Volkswirtschaft nicht in den Zustand des Optimums transformieren. Beispiele für Marktdefekte sind nicht internalisierte exter-

---

[138] Die VR China verkörpert mit gegenwärtig 1,3 Mrd. Menschen den größten Binnenmarkt der Welt. Vgl. YAO (Fn. 31), S. 169-176

[139] Siehe hierzu Kap. 3.1 bis 3.2.2 dieser Arbeit. (Anm. d. Verf.)

[140] HAN 1998, S. 123

[141] Üblicherweise üben Preise auf dem Markt eine Koordinations-, Lenkungs- und Signalfunktion aus. (Anm. d. Verf.)

[142] Vgl. FEESS (Fn. 122), S. 54-57 und S. 299-301

ne Effekte oder unvollständige Informationen,[143] die den Staat zur Bereitstellung öffentlicher Güter[144] bewegen.

Wirtschaftspolitik und -planung

Zur Korrektur der Defekte des Marktmechanismus bedarf es der Wirtschaftspolitik. Staatliche Auflagen, Steuern und Abgaben haben neben der Produktivität und der Verfügbarkeit von Produktionsfaktoren erheblichen Einfluss auf das Immobilienangebot am Markt und auf die Herstellkosten. Durch eine entsprechende makroökonomische Steuerung durch den Einsatz von Verwaltungs- und Wirtschaftsinstrumenten kann das Angebot am jeweils angesteuerten Immobilienteilmarkt[145] zunehmen oder sinken. Mit der Steuerpolitik kann die chinesische Regierung ebenso wie die ihr untergeordneten Provinzregierungen einen direkten oder indirekten Einfluss auf die Erträge der Immobilienunternehmen ausüben und damit das Einsatzniveau und das Angebot auf den verschiedenen Immobilienteilmärkten steuern.[146]

Die chinesische Regierung betreibt insbesondere auf dem Markt für Wohnimmobilien allokationspolitisch motivierte Eingriffe, beispielsweise in Form von Verboten, Preis- und Investitionskontrollen. Aufgrund der besonderen Bedeutung des Wohnungsmarktes für die Gesellschaft[147] und der erhofften Auswirkungen auf die gesamte Volkswirtschaft unterliegt der chinesische Markt für Wohnimmobilien einer besonders starken Preiskontrolle. Zur Eindämmung des akuten Wohnungsmangels im unteren bis mittleren Preissegment werden sowohl die Mieten als auch die Verkaufspreise für kommerzialisierte Wohnungen und die Darlehenszinssätze stark begrenzt. Das primäre Ziel der gegenwärtigen chinesischen Wohnungspolitik lässt sich in dem Satz „Jeder Haushalt soll seine eigene Wohnung besitzen“[148] zusammenfassen.

Die Wohnungswirtschaft ist in einem planwirtschaftlichen System fester Bestandteil der zentralen Wirtschaftsplanung. Insbesondere mit der Forcierung

---

[143] Ein grundlegendes Problem jeder sozialistischen Verwaltungswirtschaft (auch, wenn sie sich wie in diesem Fall als „sozialistische Marktwirtschaft“ bezeichnet) ist die Unmöglichkeit, das Informationsproblem und das Sanktionsproblem zu lösen. Aufgrund der Unwissenheit der planaufstellenden Behörde kann die Produktion nicht optimal koordiniert werden. Weiterführend zu dieser Thematik siehe BASSELER et al. (Fn. 122), S. 79-122

[144] Ein Gut hat den Charakter eines öffentlichen Gutes, wenn es ohne Rivalität von allen Nachfragern konsumiert werden kann und wenn ein Ausschluss vom besagten Gut nicht möglich ist. Vgl. FEESS (Fn. 122), S. 493-496; BASSELER et al. (Fn. 122), S. 66

[145] Zur Thematik der Immobilienteilmärkte siehe Kap. 4.3 dieser Arbeit. (Anm. d. Verf.)

[146] Vgl. YAO (Fn. 31), S. 97

[147] Siehe hierzu auch Kap. 4.1.4 dieser Arbeit. (Anm. d. Verf.)

[148] YAO (Fn. 31), S. 163

des Wohnungsneubaus will der chinesische Staat die allgemeine Wirtschaftsentwicklung beschleunigen. Seit das in den 1980er Jahren auf Impulsen aus der Leichtindustrie basierende Wirtschaftswachstum stetig sank, proklamierte die Regierung 1996 die Herausbildung des Wohnungsbaus als künftiges Zugpferd der Volkswirtschaft. Durch den Wohnungsneubau erwartet die Regierung Multiplikatoreffekte auf andere vor- und nachgelagerte Branchen, wie zum Beispiel die Bauzulieferindustrie, Konsumgüterindustrie und Einzelhandel.

Derzeitige Situation

Um der Führungsrolle der Bau- und Immobilienwirtschaft innerhalb der gesamtchinesischen Volkswirtschaft gerecht zu werden, muss eine überdurchschnittliche Wachstumsrate und eine Qualitätsverbesserung der Produktionsfaktoren angestrebt werden. Während das erstgenannte Kriterium des überproportionalen Wachstums gegeben ist, kann technischer Fortschritt in dieser Branche kaum bestätigt werden, da sich insbesondere der Wohnungsbau noch im Stadium einer extensiven Entwicklung befindet.

Um eine Triebkraft für die gesamte Volkswirtschaft zu werden, ist eine Industrialisierung der Baubranche[149] notwendig. Jedoch ist der Grad der Industrialisierung gegenwärtig noch gering. Vielenorts wird noch mit veralteten Anlagen gebaut, wobei die Arbeitsproduktivität nur bei ca. 40% im Vergleich zur Bauwirtschaft westlicher Staaten liegt.[150] Zudem ist das Verhältnis des umbauten Raums zur benötigten Bodenfläche weitaus ungünstiger als in anderen Ländern.[151] Auf die Bedürfnisse der Verbraucher wird bei der Bauplanung und -ausführung selten Rücksicht genommen. Zusammenfassend kann die chinesische Bauwirtschaft, die sich in einem „halbmechanisch-manuellen Zustand“[152] befindet, als vergleichsweise rückständig, jedoch mit großem Entwicklungspotenzial, bezeichnet werden.

4.1.3 Der Immobilienmarkt und die sozialistische Marktwirtschaft

In der VR China wurden seit 1949 verschiedene Änderungen der Lenkung des Wirtschaftsgeschehens vorgenommen. Die seit 1992 praktizierte „Sozialistische Marktwirtschaft“ verkörpert ein Wirtschaftssystem der parallelen Existenz von kapitalistischer Marktwirtschaft und sozialistischer Planwirtschaft.

---

[149] Vgl. hierzu die Entwicklung der japanischen Bauwirtschaft seit den 1960er Jahren. YEAR BOOK OF CHINA REAL ESTATE MARKET 1996, CD ROM Publikation

[150] YEAR BOOK OF CHINA REAL ESTATE MARKET 1997, CD ROM Publikation

[151] Für das Jahr 1990 wurde durchschnittlich in Chinas Städten für die Erstellung von 0,7 qm Gebäudenutzfläche 1 qm Bodenfläche verbraucht. Vgl. THÜMMEL (Fn. 7), S. 56-57

[152] YAO (Fn. 31), S. 176

Da die chinesische Version der Marktwirtschaft ihr Anfangsstadium noch nicht überschritten hat, gelten derzeit für die Immobilienwirtschaft die nachfolgend aufgeführten besonderen Rahmenbedingungen.

Obwohl in einer Marktwirtschaft alle Eigentumsformen möglich sein sollen, überwiegt gegenwärtig das öffentliche Eigentum, das durch andere Eigentumsformen ergänzt wird.[153] Das chinesische Wirtschaftssystem erfüllt momentan noch keine der hinreichenden Bedingungen für eine optimale Ressourcenallokation, die sich normalerweise über die Auswirkungen der Markt- und Wettbewerbsbedingungen einstellen. Gründe hierfür sind die Unvollkommenheit des jetzigen Marktsystems[154] und die Unklarheit bezüglich der vermögensrechtlichen Verhältnisse in den staatseigenen Unternehmen.[155] Die derzeit praktizierte chinesische Wirtschaftsordnung führt aufgrund der Behinderung der freien Entfaltung der Allokationsfunktion des Marktes zu einer Verschwendung der vorhandenen Ressourcen.

Der Planmechanismus hat noch immer eine große Bedeutung in der Zielhierarchie der chinesischen Wirtschaftsreform. Jedoch sollte der Plan nur noch das abdecken, was der Markt nicht erreichen kann, wie beispielsweise die Subventionierung besonders rückständiger Bereiche oder die Umsetzung großer Infrastrukturprojekte. Dessen ungeachtet stellen administrative Instrumente noch immer die Hauptinstrumente der Regierung zur ökonomischen Makrosteuerung dar.[156]

Wirtschaftszyklus

Der chinesische Wirtschaftszyklus beträgt im Durchschnitt sieben Jahre, wobei in Folge der starken politischen Abhängigkeit der ökonomischen Entwicklung große Abweichungen zu verzeichnen sind.[157] Diese Schwankungen haben aufgrund der planwirtschaftlichen Komponente nur geringe Auswirkungen auf die Preisentwicklung und die Beschäftigung. Da die chinesische Volkswirtschaft überdies vergleichsweise selbständig ist, verfügt sie über eine relative Unab-

---

[153] Siehe „Verfassung der VR China" Art. 6 bis 11. Wortlaut auszugsweise im Anhang dieser Arbeit. (Anm. d. Verf.)

[154] Dadurch wird eine objektive Beurteilung der Investitionsrisiken behindert. Es fehlt zudem an schnell verfügbaren transparenten Preisinformationen, die die wirkliche Situation von Angebot und Nachfrage des Marktes reflektieren. (Anm. d. Verf.)

[155] Diese befinden sich noch immer unter Kontrolle des Verwaltungsapparates, und können daher nicht als wirklich autarke Wirtschaftseinheiten aufgefasst werden. (Anm. d. Verf.)

[156] Vgl. YAO (Fn. 31), S. 213-224

[157] Makroökonomische Zyklen sind im Wesentlichen determiniert durch die gesamtwirtschaftliche Entwicklung, die Bevölkerungsentwicklung, die Inflationsrate, die Wechselkursentwicklung und den technologischen Fortschritt. Vgl. MANKIW 1998, S. 251-272; YAO (Fn. 31), S. 230

hängigkeit von der jeweiligen Lage der Weltwirtschaft.[158] Auffällig ist, dass in der Vergangenheit der Wirtschaftsentwicklung der VR China ökonomische Schwankungen eng an politische Fehlentscheidungen gekoppelt waren.[159]

Immobilienzyklus

Der eng an den Wirtschaftszyklus gebundene Immobilienzyklus[160] ist in einem marktwirtschaftlichen System ein dynamischer Faktor für den finanziellen Erfolg von Investitionen. Dieses Konzept veranschaulicht die Bedeutung des volatilen Verhaltens des Immobilienmarktes für die enormen Schwankungen und Verlustpotenziale einzelner Immobilientypen in bestimmten Zeitperioden. Jüngste wissenschaftliche Untersuchungen zu dieser Thematik bescheinigen den Faktoren Einkommens- und Konsumniveau der Haushalte, reales Produktionsniveau und Neubauinvestitionsrate einen dominierenden Einfluss auf die Wertänderung einer Immobilie.[161]

Die immobilienwissenschaftliche Forschung geht von einem zyklischen Verhalten von Leerstandsraten, Mieten und Kapitalisierungsraten aus, wobei für verschiedene Immobilienteilmärkte unterschiedliche Zyklen angenommen werden.[162] Es gilt als gesicherte Erkenntnis, dass bei steigenden Einkommen die Konsumnachfrage und damit auch das Preisniveau steigen. Aufgrund des Preiswachstums erhöht sich das Angebot von Investitionskapital am Immobilienmarkt und es kommt mit kurzer zeitlicher Verzögerung zu einem Anstieg der Neubauaktivität.[163]

Für den chinesischen Immobilienzyklus ist symptomatisch, dass er stark an politische und rechtliche Entscheidungen gebunden ist. Es kann keine deutliche Anlehnung an den volkswirtschaftlichen Zyklus festgestellt werden. Mit der

---

[158] Durch den WTO-Beitritt wird sich diese Situation in absehbarer Zeit ändern. (Anm. d. Verf.)

[159] Man rufe sich Maos „Großen Sprung nach vorn" oder die katastrophalen Auswirkungen der „Kulturrevolution" ins Gedächtnis, wodurch nicht nur Millionen Chinesen ihr Leben verloren, sondern auch die Volkswirtschaft stark beeinträchtigt wurde. (Anm. d. Verf.)

[160] Das Konzept des Immobilienzyklus trat erstmals bei HOYT 1933 in einer bodenwirtschaftlichen Abhandlung zur Wertentwicklung von Agrarland auf. Vgl. HOYT 2000, S. 9

[161] Vgl. WITKIEWICZ 2002, S. 68-75

[162] Vgl. JONES LANG LaSALLE 2002, Kap. 2. Prinzipiell hat jede Region, jede Stadt und jeder Teilmarkt seinen eigenen Zyklus, der seiner spezifischen Entwicklung und Dynamik unterworfen ist. (Anm. d. Verf.)

[163] Vgl. WITKIEWICZ (Fn. 161), S. 70. Dabei ist für den Büroimmobilienmarkt die Besonderheit zu beachten, dass hier die im Gegensatz zu anderen Teilmärkten langen Reaktionszeiten auch längere Perioden des Überangebotes bedingen. Vgl. PYHRR et al. 1999, S. 16

chinesischen Praxis des Vorratsbaus gehen große Risiken einher, wie zum Beispiel der frühe Werteverfall der fertig gestellten Immobilien am Markt.[164]

Der Markt für Wohnimmobilien nimmt innerhalb des chinesischen Immobilienmarktes eine Sonderstellung ein, da die Investitionen in diesem Marktsegment einen erheblichen Umfang aufweisen. So betrugen die Immobilieninvestitionen im Wohnungsbau in den Jahren 1995 und 1996 jeweils 55,8% und 52,8% der gesamten Immobilieninvestitionen sowie 16% der gesamten Anlageinvestitionen.[165] Zugleich weist der Wohnungsmarkt ein erhebliches Konfliktpotenzial auf, da viele rechtliche Rahmenbedingungen, die diesen Teilmarkt betreffen, noch ungeklärt sind.[166]

Die fehlende Transparenz auf dem chinesischen Immobilienmarkt wirkt sich auf den Preisbildungsprozess aus, wodurch es möglich ist, dass die Preise nicht der Marktlage entsprechen und dass für gleichwertige Wohnungen unterschiedliche Preise gelten. Dies ist jedoch kein charakteristisches Problem des chinesischen Marktes, da jeder Wohnimmobilienmarkt ein typisches Beispiel eines unvollkommen Marktes ist, der sich dadurch auszeichnet, dass die Angebots- und Nachfragebeziehungen nicht zu einer einheitlichen Preisbildung tendieren.

Der Boden hat für die Immobilienerstellung komplementären Charakter, da die Probleme der Bodenzuteilung und der Preisdynamik auf dem chinesischen Bodenmarkt[167] eng verknüpft sind mit der Möglichkeit der Errichtung von Immobilien. Im Gegensatz zum Immobilienmarkt ist der chinesische Bodenmarkt ausschließlich monopolistisch geprägt und weist keinerlei Wettbewerbsbeziehungen auf.[168] Das gesamte Bodenangebot lässt sich unterteilen in das natürlich vorhandene (fixe) und das wirtschaftliche Bodenangebot, welches in gewis-

---

[164] Der tendenzielle Vergleich zur Situation in den neuen Bundesländern drängt sich hier auf, wo es in Folge der staatlichen Subventionspolitik für Investoren in der frühen Nachwendezeit zu massiven Ausprägungen des Vorratsbaus in nahezu allen Marktsegmenten kam. Nachdem die meisten der investierenden Unternehmen ihre Steuervorteile abgeschöpft hatten, kam es eine Dekade später zu einem deutlichen Werteverfall am ostdeutschen Immobilienmarkt. Diese aus der eigenen Tätigkeit bekannten Zusammenhänge befürchtet die Verfasserin für den primär von politischen Entscheidungen und nicht durch den Marktmechanismus gelenkten chinesischen Immobilienmarkt. (Anm. d. Verf.)

[165] YEAR BOOK OF CHINA REAL ESTATE MARKET 1997, CD ROM Publikation. Dies entspricht in etwa auch der Situation in vielen westlichen Industrienationen. So beträgt der Anteil der Wohnungsbauinvestitionen an den Gesamtinvestitionen im Immobilienmarkt in Deutschland derzeit 58%. Gespräch mit Herrn Dipl.-Ing. (Arch.) Dipl.-Wirtsch.-Ing. Dietmar Laakmann, GEWOS Hamburg, am 2.6.2003

[166] Vgl. hierzu Kap. 3.2.1 und Kap. 4.5 dieser Arbeit. (Anm. d. Verf.)

[167] Hiermit ist der Markt zur Veräußerung der Landnutzungsrechte gemeint. (Anm. d. Verf.)

[168] Vgl. HIN 1997, S. 332-333

sen Grenzen flexibel (variabel) ist. Das wirtschaftliche Bodenangebot ist elastisch und kann langfristig zum Marktausgleich beitragen.[169]

Immobilieneigentum

Eine große Besonderheit des im Umbruch befindlichen chinesischen Immobilienmarktes offenbart die Beziehung zwischen Immobilieneigentum und Einkommen. Während in nahezu jeder nach marktwirtschaftlichen Prinzipien agierenden Gesellschaft eine direkte Kongruenz zwischen steigendem Einkommen und Privateigentum zu erkennen ist, stellt sich dieses Verhältnis im chinesischen Markt gegenwärtig kurvilinear dar. Dabei ist die Rate der Eigentümer mit 59,3% bei der Bevölkerungsschicht mit den geringsten Einkommen (weniger als 10.000 Yuan) am höchsten.

Mit 34,4% ist die Eigentumsrate bei den Privathaushalten im mittleren Einkommensbereich (10.000 - 24.999 Yuan) am niedrigsten. Allgemein ist ein Abfallen der Eigentumsrate bei steigenden Einkommen erkennbar. Lediglich bei den obersten Einkommensschichten (mehr als 25.000 Yuan) ist eine hohe Eigentumsrate zu verzeichnen.[170] Dieser unerwartete Zusammenhang zwischen den Eigentumsverhältnissen und der Einkommenszugehörigkeit reflektiert die Einzigartigkeit und Unberechenbarkeit des im Transformationsprozess befindlichen chinesischen Immobilienmarktes.[171]

Zudem wird der Immobilienmarkt derzeit dadurch belastet, dass Behörden, die amtlicherseits mit Immobilienangelegenheiten befasst sind, am lokalen Markt auch über eigene Maklerbüros und Bauträgergesellschaften auftreten und somit eine Monopolsituation schaffen. Da sie in Streitfällen auch die Schlichter- und Gutachterfunktion übernehmen, monopolisieren sie nicht nur den Angebotsmarkt, sondern betätigen sich zudem auch noch missbräuchlich als teilnehmende Akteure.[172]

---

[169] Die Variabilität des chinesischen Bodenmarktes besteht darin, dass in einer Marktsituation steigender Immobilienpreise auch die Grundstückspreise steigen. Dies bewirkt, dass zunehmend anderweitig genutzter Boden für die Immobilienentwicklung erschlossen wird. Siehe hierzu die in Kap. 2 beschriebene Problematik des zunehmenden Missbrauchs von Ackerland für die Ausdehnung der Städte. Vgl. auch YAO (Fn. 31), S. 70-71

[170] Vgl. HUANG/ CLARK 2002, S. 16-19; LIU (Fn. 55), S. 135

[171] Die Mehrheit aller Haushalte ist nach wie vor fest im überkommenen Wohlfahrtssystem der Zuteilung von Wohnraum durch den Staat oder die *danwei* verankert. Ausführlicher hierzu siehe nachfolgende Kapitel. (Anm. d. Verf.)

[172] Vgl. KITTLAUS (Fn. 46), S. 65-66

4.1.4 Der öffentliche Stellenwert der Immobilienwirtschaft

Die politisch-ideologisch angestrebte Kommerzialisierung des städtischen Immobilienwesens nimmt innerhalb der Reformbewegungen der vergangenen vierundzwanzig Jahre eine Sonderstellung ein.

> „The government has planned to use the commercial housing development sector as the motor to drive future urban economic development and reforms.“[173]

Bereits in der Frühphase der Öffnungspolitik bot der Immobiliensektor dem „Chefkonstrukteur der sozialistischen Reform und Öffnung und des Modernisierungsaufbaus Chinas“[174] Deng Xiaoping ein geeignetes Betätigungsfeld für zahlreiche Experimente und Reformmodelle. Dabei wurde zunächst nur auf regionaler Ebene mittels auf einzelne Städte begrenzter Modellvorhaben experimentiert. Die meisten dieser Versuche mussten bereits nach wenigen Phasen aufgrund finanzieller Engpässe, mangelnder gesellschaftlicher Akzeptanz oder aus politischen Erwägungen heraus abgebrochen werden. Erst nach umfangreichen legislativen Änderungen und anschließenden administrativen Vereinheitlichungen der marktwirtschaftlichen Reformen des städtischen Immobilienwesens konnten sich ab den 1990er Jahren vergleichsweise stabile Rahmenbedingungen auf einzelnen Teilmärkten herausbilden.

Seither ist die Schaffung eines städtischen Immobilienmarktes nach dem proklamierten Leitmotiv der „Sozialistischen Marktwirtschaft“ in allen bedeutenden staatlichen Proklamationen als die zentrale reformpolitische Aufgabe benannt. Bereits 1992 auf dem XIV. Parteitag der KPCh ist die Entfaltung eines marktwirtschaftlich geordneten Immobilienwesens und die Kommerzialisierung der städtischen Wohnungswirtschaft zu den wesentlichen Zwischenzielen beim Aufbau der chinesischen „Sozialistischen Marktwirtschaft“ bezeichnet worden.

Im bislang wichtigsten Dokument zur parteipolitischen Absicherung dieses Entwicklungskonzeptes, der „Resolution des Zentralkomitees der KPCh über einige Fragen zum Aufbau des Systems einer Sozialistischen Marktwirtschaft“ aus dem Jahr 1993, wird explizit festgelegt:

> „...die Standardisierung und Entwicklung des Immobilienmarktes (als ein wirtschaftlicher Schwerpunkt) bis zum Ende dieses Jahrhunderts (zu verwirklichen und) die Reform des städtischen Wohnungssystems zu beschleunigen.“[175]

---

[173] WANG/ MURIE (Fn. 45), S. 1476
[174] KITTLAUS (Fn. 46), S. 52
[175] KITTLAUS (Fn. 46), S. 53

Das Immobilienwesen wird insbesondere angesichts des Baubooms der Jahre 1992 und 1993 als „tragende Säule“ (*zhizhu chanye)*[176] und als aussichtsreichster Wachstumsbereich innerhalb der chinesischen Volkswirtschaft bezeichnet. Trotz des partiellen Zusammenbruchs einzelner Immobilienteilmärkte nach dem Abklingen des Immobilienfiebers Anfang der 1990er Jahre wird in amtlichen Investitionshandbüchern und in offiziellen Informationsdiensten noch immer eine euphorische Aufbruchstimmung verbreitet, der mittlerweile viele insbesondere ausländische Investoren verfallen sind.

Obwohl statistische Angaben über den tatsächlichen Stellenwert des Immobilienmarktes innerhalb der chinesischen Volkswirtschaft als unzureichend angesehen werden müssen, gilt die Baubranche und insbesondere der Wohnungsbau noch immer als das Kernstück der allgemeinen Wirtschaftsentwicklung.[177] In den 1990er Jahren ist die grundsätzliche Vorrangstellung der immobilienwirtschaftlichen Reformen im Gesamtkonzept der „Sozialistischen Marktwirtschaft“ von führenden chinesischen Politikern mehrfach bestätigt worden. Kritische Stimmen merken hierzu allerdings an, dass:

> „In many ordinary people´s eyes, the government has simply tried to get rid of the burden of housing provision.“[178]

In der Antrittsrede von Ministerpräsident Zhu 1998 betonte dieser explizit die vollständige Kommerzialisierung des städtischen Immobilienmarktes als eines der fünf wichtigsten Reformprojekte seiner Amtszeit.[179]

Auch die öffentliche Meinung der Chinesen reflektiert die hohe Stellung der Immobilienwirtschaft innerhalb der Reformbemühungen. So nahm in Meinungsumfragen[180] zur Bewertung der wichtigsten reformpolitischen Maßnahmen in den Jahren 1998 und 1999 der immobilienpolitische Teilbereich eine herausragende Stellung ein. In dieser Zeit zählte der geplante Kauf von Wohneigentum zu den wesentlichen Motiven der privaten Spartätigkeit.

Während Mitte der 1990er Jahre die Mehrheit der städtischen Bevölkerung unzufrieden mit ihrem Wohnumfeld ist, ergeben Umfragen im Jahr 1998

---

[176] KITTLAUS (Fn. 46), S. 54-55
[177] Vgl. XIE et al. (Fn. 45), S. 1379; YAO (Fn. 31), S. 155
[178] WANG/ MURIE 1996, S. 987
[179] Zur Unterstreichung seiner Worte berief er einen ausgewiesenen Bau- und Immobiliensachverständigen ins Amt des neuen Bauministers, der zuvor mehrjährige Erfahrungen als Bürgermeister einer Modellstadt gesammelt hatte. Vgl. KITTLAUS (Fn. 46), S. 54-55
[180] Die Zuverlässigkeit und Aussagekraft solcher Erhebungen kann nicht Gegenstand dieser Arbeit sein. Aus Gesprächen mit persönlich bekannten Chinesen ergab sich bei der Verfasserin jedoch ein ähnlicher Eindruck. (Anm. d. Verf.)

bereits eine ausgesprochen positive Erwartungshaltung in Bezug auf die künftige Wohnsituation.[181]

Hinsichtlich der Beurteilung der Verdienste einzelner Politiker standen diejenigen, die sich um den Reformprozess der städtischen Immobilien- und Wohnungspolitik verdient gemacht haben, hoch im öffentlichen Ansehen. Zugleich ist es erwähnenswert, dass diese Amtsträger nicht selten großen persönlichen Nutzen aus ihren Verdiensten zu ziehen wussten. So wurden im öffentlichen Meinungsbild auch spektakuläre Korruptionsfälle auf höchster Regierungsebene heftig diskutiert.[182] Überdies stellt in der öffentlichen Kritik der augenfällige Widerspruch zwischen den beträchtlichen Leerstandsraten im Segment der höherwertigen Immobilien und der permanenten Wohnungsnot auf Seiten der einkommensschwächeren städtischen Bevölkerung ein Gefahrenpotenzial für die bislang positive Wahrnehmung des parteipolitischen Reform- und Öffnungskurses dar.

In chinesischen Großstädten kommt es überdies in jüngster Zeit vermehrt zu Protestaktionen, die sich gegen infrastrukturelle Großprojekte oder überdimensional angelegte Neubauvorhaben privater Investoren richten, für die oftmals historisch gewachsene Stadtviertel weichen müssen.[183] Allein in Shanghai mussten aufgrund des Baus von Brücken und Verkehrstrassen zum neu entwickelten Distrikt Pudong mehr als einhunderttausend Mietwohnungen zwangsweise für den Abriss geräumt werden.[184] Obwohl derartige Proteste zumeist von den Behörden geduldet werden, wird die rechtliche Formierung betroffener Bürger in Interessengemeinschaften und Bürgerinitiativen unterdrückt. Ebenso findet bei Aufstellung der städtischen Bebauungs- und Flächennutzungspläne und bei der Umsetzung relevanter Einzelprojekte keine Bürgerbeteiligung statt.[185]

---

[181] Vgl. KITTLAUS (Fn. 46), S. 56-57

[182] Dabei wird der ungerechtfertigte Zugriff von Beamten auf den stark subventionierten Wohnraum zu günstigen Sonderkonditionen und die noch immer undurchsichtigen Vergabemodalitäten der Landnutzungsrechte „nach Weisung, Beziehung oder Sympathie" als besonders kritisch empfunden. Vgl. KITTLAUS (Fn. 46), S. 56. Mündliche Auskunft von Dipl.-Ing. (Arch.) Dipl.-Wirtsch.-Ing. Huang Jing, Siemens AG, Gespräch vom 2.5.2003

[183] So gestand ein Mitarbeiter des Pekinger Stadtplanungsamtes den Fehler ein, zu lange den Abriss der historischen Altstadt befürwortet zu haben. Künftig wolle man versuchen, den Konflikt zwischen der notwendigen Modernisierung der Stadt und somit der Erfüllung der Investorinteressen und der Erhaltung der historischen Bausubstanz zu entschärfen. Radiointerview vom 27.5.2002

[184] Vgl. GAUBATZ (Fn. 89), S. 1515

[185] Eine Ausnahme bildet mittlerweile Shanghai, wo aufgrund heftiger Protestkundgebungen die Institution der sogenannten „Mass Participation" eingeführt worden ist, um sich in der Bevölkerung größeren Rückhalt zu sichern. Vgl. KITTLAUS (Fn. 46), S. 57

Der persönliche Entscheidungsspielraum des Einzelnen wird im heutigen China überdies durch die rigorose Anwendung des „*hukou*"-Systems[186] zusätzlich verringert. Für die chinesische Bevölkerung sind bei immobilienpolitischen Entscheidungs- und Implementierungsprozessen keinerlei Mitwirkungsmöglichkeiten vorgesehen. Trotz des hohen öffentlichen Stellenwertes des Transformationsprozesses des chinesischen Immobilienmarktes sind der zulässige Handlungsspielraum und die erlaubten Gestaltungsmöglichkeiten für die betroffenen Akteure im Politikfeld des städtischen Immobilienwesens strikt limitiert.

4.1.5 Die aktuellen Investitionsbedingungen am Beispiel deutsch-chinesischer Joint Ventures

Nachfolgend soll aufgezeigt werden, auf welche Weise ein deutsch-chinesisches Joint Venture die notwendigen Landnutzungsrechte für die Immobilienprojektentwicklung erweben kann und welche Besonderheiten beim Landerwerb für ausländische Unternehmen in China zu beachten sind.

In der Mehrheit der Fälle erwirbt der chinesische Partner das Landnutzungsrecht an einem städtischen Grundstück gegen Zahlung der entsprechenden Gebühren.[187] Es erfolgt eine Übertragung des Nutzungsrechts an das Joint Venture, wobei die vom ausländischen Partner zu erbringende Gegenleistung in der Zahlung eines Kaufpreises besteht. Alternativ kann jedoch auch das Landnutzungsrecht als Einlage des chinesischen Partners in das Gemeinschaftsunternehmen betrachtet werden.

Wesentlich ist in beiden Fällen die Rechtswirksamkeit einer solchen Einbringung, wobei die Frage im Vordergrund steht, ob der chinesische Partner die Bodennutzungsrechte rechtswirksam erworben hat. Nur wenn dies der Fall ist, können die Rechte später tatsächlich belastet und übertragen werden. Hat der chinesische Partner die Rechte jedoch nur durch unentgeltliche Zuteilung vom Staat bekommen, so ist eine Einbringung in ein Joint Venture nicht rechtskräf-

[186] Unter „*hukou*" ist die polizeiliche Wohnregistrierung zu verstehen, die ein wichtiges Instrument staatlicher Kontrolle bedeutet. Es wird intern auch von einem „Greencard" System gesprochen, da es als Schlüsselfaktor bei der Definition des individuellen sozialen und ökonomischen Status jedes Einzelnen gilt. Das *hukou*-System teilt die chinesische Bevölkerung in je eine Gruppe mit städtischer und ländlicher Wohnsitzregistrierung. Eine freie Wahl des Wohnortes wird durch polizeiliche Zuzugskontrollen in den meisten Städten verhindert. Besonders betroffen sind dabei Personen mit ländlichem *hukou*, denen ein längerer Aufenthalt in Städten nur vorübergehend erlaubt wird. Vgl. HUANG/ CLARK (Fn. 170), S. 13, Anm. in Fn. 10; KITTLAUS (Fn. 46), S. 56-60; HUANG 2003, S. 104-105

[187] Zur detaillierten Aufstellung der Gebühren siehe Anhang dieser Arbeit. (Anm. d. Verf.)

tig.[188] Da den meisten ausländischen Partnern die Detailkenntnis fehlt und sich die praktische Überprüfung des rechtlichen Sachverhalts schwierig gestaltet, ist es denkbar, dass der chinesische Partner aufgrund mangelnder Kapitalkraft versucht, ein zugeteiltes Landnutzungsrecht als Einlage in das Joint Venture einzubringen.[189] Mittlerweile sind zumindest für Shanghai lokalrechtliche Instrumentarien geschaffen worden, mit denen eine Einbringung zugeteilter Landnutzungsrechte in ein Joint Venture zulässig ist, obwohl dieses Vorgehen dem höherrangigen nationalen Recht widerspricht.[190]

Bei der Einbringung umgewandelter Landnutzungsrechte besteht dessen ungeachtet die Gefahr, dass die Dauer des Nutzungsrechtes nicht mit der beabsichtigten Dauer des Joint Ventures harmoniert. Daher sollten stets alle Urkunden und Dokumente des chinesischen Partners sowie die vollständige Bezahlung aller mit dem Erwerb des Landnutzungsrechts angefallenen Kosten überprüft werden.[191]

Es besteht auch die Möglichkeit, dass die benötigten Nutzungsrechte direkt vom chinesischen Staat durch einen Erwerbsvertrag übergeben werden. Mit spezieller Erlaubnis darf das örtliche Grundverwaltungsamt einem ausländischen Unternehmen auf Antrag die Rechte an einem Grundstück gewähren.[192] In diesem Fall darf das Land jedoch weder verpachtet noch übertragen oder hypothekarisch belastet werden, weshalb in der Praxis viele ausländische Investoren vor dieser Möglichkeit des Landrechtserwerbs zurück schrecken. Das auf diese Weise erworbene Landnutzungsrecht könnte nicht als Sicherheit für künf-

---

[188] Vom chinesischen Staat unentgeltlich zugeteilte Landnutzungsrechte sind nicht verkehrsfähig. Vgl. Kap. 3.1.2. dieser Arbeit. Für den Fall, dass der chinesische Partner das Bodennutzungsrecht nur durch Zuteilung vom Staat erhalten hat, kann unter gewissen Voraussetzungen durch Abschluss eines rechtskräftigen Erwerbsvertrages eine Umwandlung des Nutzungsrechts erfolgen. Anschließend kann das Bodennutzungsrecht im vollen Umfang gemäß den geltenden Gesetzen übertragen werden. §§ 22, 27 „Immobilienverwaltungsgesetz". Falls eine Umwandlung der Nutzungsrechte nicht erfolgt, können diese vom chinesischen Partner zwar auch in das Joint Venture eingebracht werden (mit behördlicher Sondergenehmigung), sie sind jedoch nicht belastbar, übertragbar oder zu verpachten, da es sich um beschränkte Rechte handelt. Vgl. STRICKER (Fn. 71); S. 14; YANG/ ZHAO (Fn. 96), S. 218-219

[189] Vgl. STUCKEN 1997, S. 14-16; STRICKER (Fn. 71), S. 8-9

[190] Der Hintergrund für diese regionale und vom übergeordneten Recht nicht gedeckte Abweichung liegt darin, dass somit bereits bestehende Marktpraxis legalisiert wird, bei der zahlungsunfähige Staatsunternehmen Partner eines Joint Ventures werden, um ihrer Schließung zu entgehen. Vgl. JOOS (Fn. 39), S. 454

[191] Im Betrugsfall bliebe als Ausweg einzig die Neubewertung der Einlage der chinesischen Seite oder eine Verkürzung der Aktivitäten des Joint Ventures. (Anm. d. Verf.)

[192] Allerdings werden in einigen Städten für Ausländer deutlich höhere Überlassungsgebühren fällig, da laut regionalem Gesetz überlassenes Land nur an Chinesen übergeben werden darf. § 25 „Maßnahmen der Stadt Shanghai zur Überlassung von Landnutzungsrechten". Vgl. YANG/ ZHAO (Fn. 96), S. 219

tige Finanzierung durch Banken genutzt werden, was ein wesentliches Entscheidungskriterium ist.

Das Joint Venture kann ebenso ein wirksam erworbenes Nutzungsrecht des chinesischen Teilhabers pachten, wobei dann Zinsen zu zahlen sind und das erworbene Pachtrecht weder belastbar noch übertragbar ist.[193] Daher ist auch diese Lösung hinsichtlich einer weitergehenden Finanzierung nicht optimal.

Zur Veranschaulichung der komplexen mit einem solchen Unternehmen verbundenen bürokratischen Hürden sollen nachfolgend die vom Typ des jeweiligen Projektes abhängigen, im Verlauf der Aktivitäten des Joint Ventures auf dem chinesischen Immobilienmarkt zu erbringenden Genehmigungen und Dokumente aufgelistet werden:[194]

- Abrissgenehmigung
- Architektengenehmigung mit Vorentwurf
- Baubeginn- und Baufertigstellungszertifikat des lokalen Planungsbüros
- Baugenehmigung der lokalen Baukommission
- Bauplanungsgenehmigung
- Bauqualifikationszertifikat für Erschließungsunternehmen
- Bauqualitätszertifikat (bewertet künftigen Zustand der Gebäude)
- Gebäudeeigentumszertifikat
- Genehmigung für den Verkauf an Ausländer
- Genehmigung für den Verkauf vor Fertigstellung
- Geschäftslizenz
- Landentwicklungsgenehmigung des lokalen Planungsbüros
- Landnutzungsgenehmigung
- Planungszertifikat der lokalen staatlichen Planungskommission
- Verpachtungsgenehmigung

Das Unternehmen sollte bei der Risikoanalyse eines Immobilienprojektes in China unbedingt auch den rechtswirksamen Erwerb der Nutzungsrechte der Erst- und Zwischenerwerber prüfen. Mittlerweile existieren für den Wert der Nutzungsrechte in den meisten Regionen Tabellen, wobei stets zwischen den vom Joint Venture zu zahlenden Erwerbsgebühren und den sonstigen Kosten zu differenzieren ist.[195]

---

[193] Vgl. JOOS (Fn. 39), S. 453-454
[194] Vgl. STRICKER (Fn. 71), S. 24-25
[195] Siehe detaillierte Abhandlung der recherchierten Gebühren, Steuern und sonstigen Abgaben auf dem chinesischen Immobilienmarkt im Anhang dieser Arbeit. (Anm. d. Verf.)

Von wesentlicher Bedeutung für die künftige Geschäftsfähigkeit des Joint Vetures ist, dass alle Landnutzungsrechte rechtsgeschäftlich und unbelastet erworben, dass alle Genehmigungen erteilt, alle Gebühren bezahlt und die Meldepflichten erfüllt wurden. Zu untersuchen ist auch, ob Nutzungsbeschränkungen gegeben sind, die Rechte an Land und den darauf errichteten Gebäuden übereinstimmen und keine Belastung der Landnutzungs- und sonstigen Eigentumsrechte vorliegt. Nach Überwindung dieser Barrieren kann die eigentliche Immobilienprojektentwicklung erfolgen. Für den Verkauf der fertig gestellten Immobilien sehen die regionalen Bestimmungen alsdann vielenorts die ausschließliche Verwendung ihrer Musterverträge vor.[196]

4.2 Allgemeiner Überblick und regionale Gliederung des Immobilienmarktes

In den vergangenen zwei Jahren hat sich der städtische Immobilienmarkt wieder belebt, nachdem es Ende der 1990er Jahre in Folge der massiven Investitions- und Bautätigkeit in nahezu allen für Investoren lukrativen Teilmärkten einen starken Angebotsüberhang gegeben hatte.[197] Die Staatseinnahmen aus dem gesamten Immobiliensektor[198] beliefen sich im Jahr 2000 auf 451,6 Mrd. Yuan. Dies entspricht einer Steigerung im Vergleich zum Vorjahr um rund 50%. In China wird gegenwärtig im Bereich der Immobilienentwicklung und des Immobilienmanagements mit ausländischen Direktinvestitionen im Umfang von 921 Mio. US $ gearbeitet. Die erhobenen Steuern und Gebühren des Immobilienmarktes bescherten dem Staat im Jahr 2000 mit der Gesamtsumme von 21,5 Mrd. Yuan ebenfalls um knapp 50% höhere Einnahmen.[199]

Nachdem sich der Markt der frei finanzierten Immobilienobjekte weitestgehend erholt hat, verzeichnet einzig der Teilmarkt der Wohnimmobilien mittleren Standards noch immer eine ernstzunehmende Knappheit. Ausgesprochen hohe Leerstandsraten weisen gegenwärtig luxuriöse Geschäfts- und Einkaufszentren sowie kürzlich errichtete Appartementanlagen der Luxusklasse auf.

[196] Vgl. STRICKER (Fn. 71), S. 5-20; JOOS (Fn. 39), S. 454; THÜMMEL (Fn. 7), S. 155-161
[197] In Kapitel 2 dieser Arbeit ausführlich geschildert. (Anm. d. Verf.)
[198] Die Statistik zählt hierzu Einnahmen aus Landtransaktionen, dem Verkauf kommerzialisierter Immobilien, der Vermietung von Immobilien und anderen Immobiliengeschäften, jedoch ohne Steuern. (Anm. d. Verf.)
[199] CHINA STATISTICAL YEAR BOOK 2001, CD ROM Publikation

Einige statistische Daten für das Jahr 2001 sollen einen kurzen Überblick über den aktuellen Stand des Marktes geben.[200]

Investiertes Kapital:	737.800.000.000 Yuan[201]
Neu erworbene Grundstücke:	216.610.000 qm
Laufende Bauprojekte/ Flächen:	772.140.000 qm
Begonnene Bauprojekte/ Flächen:	359.460.000 qm
Beendete Bauprojekte/ Flächen:	273.030.000 qm
Durchschnittspreis aller veräußerbaren Immobilienarten:	2.226 Yuan/ qm
Durchschnittspreis bei Wohnimmobilien:	2.068 Yuan/ qm
Durchschnittspreis bei Büroimmobilien:	4.419 Yuan/ qm
Durchschnittspreis bei Gewerbe- und Handelsimmobilien:	3.375 Yuan/ qm

Die privaten Bauträger- und Immobilienentwicklungsgesellschaften geben die hohen Ausgaben für den Erwerb der Landnutzungsrechte, Erschließungs-, Verwaltungs- und Baukosten sowie Steuern und eine Vielzahl von regional variierenden Abgaben an die potenziellen Käufer und Nutzer der Immobilien weiter. Daher sind die aktuellen Mieten und Kaufpreise tendenziell durchaus mit anderen asiatischen Ballungszentren wie Taipeh oder Hong Kong vergleichbar.[202]

Regionale Gliederung

Während über die günstigen Rahmenbedingungen des chinesischen Immobilienmarktes in den vergangenen Jahren ausreichend publiziert wurde, ist über die Ungleichheiten zwischen den verschiedenen Landesregionen hinsichtlich Investitionstätigkeiten und Immobilienentwicklung nahezu gar nichts bekannt.[203] Dabei ist die regionale Dimension ein wichtiger Bestandteil der chinesischen Wirtschaftsreform, insbesondere unter dem Aspekt der Entwicklung des Immobilieneigentums.

Aufgrund der historischen Entwicklung und des autonomen Verhaltens der einzelnen Provinzen[204] hat sich an den Unterschieden zwischen Chinas geografischen Regionen bislang nicht viel geändert. Die Entwicklung des regionalen Wirtschaftswachstums und der Infrastruktur verdeutlicht nachdrücklich die

---

[200] Die Daten sind dem aktuellen Immobilienmarktbericht der Immobilienfirma Zeppelin aus Hong Kong entnommen. Vgl. CHUNG 2002, S. 9

[201] Zur Umrechnung siehe Fn. 86 (Anm. d. Verf.)

[202] Vgl. GAUBATZ (Fn. 87), S. 1517; KITTLAUS (Fn. 46), S. 65-66. Zu den Bodenpreisen siehe Anhang dieser Arbeit. (Anm. d. Verf.)

[203] Untersuchungen jüngeren Datums liegen fast ausschließlich in chinesischer Sprache vor und können daher leider nur bedingt in diese Arbeit einfließen. (Anm. d. Verf.)

[204] Beispielsweise existieren kaum Bestrebungen zu interprovinziellem Handel. Statt dessen ist jede einzelne Provinz bestrebt, so viel wie möglich in Überseeländer zu exportieren. Vgl. WORLD BANK Report 1994, Internetpublikation

Unterschiede zwischen Chinas Provinzen. Besonders deutlich werden diese Differenzen bei der Betrachtung der Kapitalflüsse im Immobiliensektor. An verschiedenen Parametern, wie beispielsweise der Neubautätigkeit, dem Einkommen aus Landtransfer, Vermietungen und aus dem Verkauf kommerzialisierter Immobilien, zeigt sich, dass die Teilmärkte der Küstenprovinzen generell höhere Aktivitäten aufweisen als die übrigen Regionen.[205]

In verschiedenen Landesregionen befinden sich die Immobilienteilmärkte auf unterschiedlichen Entwicklungsniveaus, wodurch auch die gehandelten Preise divergieren. Ein Gleichgewicht kann demzufolge nur auf jeweils einem regionalen Teilmarkt realisiert werden, wobei jedoch die Verflechtungen innerhalb des Teilmarktes in ihren Wirkungen auf den Preisbildungsprozess in den übrigen Teilmärkten zu berücksichtigen sind.[206]

Die vier wichtigsten Städte des Landes, die gemeinsam rund 20% des gesamten Bruttoinlandsproduktes erwirtschaften, sind die in östlichen Regionen gelegenen Städte Shanghai, Peking, Shenzhen und Guangzhou.[207]

Bezüglich der jährlichen Neubautätigkeit im staatlich regulierten Wohnimmobiliensektor sind hingegen keine nennenswerten Unterschiede zwischen den einzelnen Provinzen fest zu stellen.[208] Der Umfang der jährlich neu projektierten Pro-Kopf-Wohnfläche ist direkt abhängig von der staatlichen Kontrolle,[209] dem sich ändernden Lebensstandard, der Investitionstätigkeit des Staates und der *danwei* sowie der in- und ausländischen Immobilienentwicklungsunternehmen.

Beim Vergleich der gesamten Einkommen aus Transaktionen am Immobilienmarkt schneiden die westlichen Provinzen Tibet und Qinghai am schlechtesten ab, während die südöstliche Küstenprovinz Guangdong die

---

[205] Vergleichende Untersuchung der Verfasserin anhand der monatlich publizierten Daten zum chinesischen Immobilienmarkt aus ZEPPELIN REAL ESTATE ANALYSIS LIMITED 2003, Marktberichte der Immobilienentwicklungsfirma Zeppelin, Hong Kong, Internetpublikation, CHINA STATISTICAL YEAR BOOK, 1999; SHANGHAI REAL ESTATE MARKET, 2002;. (Anm. d. Verf.)

[206] Die Verkaufspreise kommerzialisierter Wohnungen lagen 1995 in der Provinz Jiangxi bei 699,7 Yuan/ qm, während in Peking bereits 3.226,5 Yuan/ qm erzielt werden konnten. Die maximale Differenz der landesweiten Kaufpreise betrug 460%. Vgl. YAO (Fn. 29), S. 39

[207] Vgl. CHUNG 2002, Internetpublikation

[208] Eine Untersuchung des staatlichen Investitionsverhaltens im Immobilienmarkt zeigt, dass hinsichtlich der totalen Zahlen der Neubautätigkeit regionale Ungleichheiten zu Gunsten der Küstenprovinzen bestehen. Bezogen auf die jährlich projektierte Pro-Kopf-Fläche ist jedoch kein Unterschied zwischen den Regionen auszumachen. Vgl. HAN (Fn. 140), S. 129

[209] Mittels der Regulierung der städtischen Bevölkerung durch das *hukou*-System. Siehe Ausführungen in Kap. 4.1.4. (Anm. d. Verf.)

höchsten Einkommen zu verzeichnen hat.[210] Die Höhe der erzielten Einnahmen im Bezug zur geografischen Lage der Provinzen Tibet, Qinghai und Guangdong können als beispielhaft für die Situation des heutigen chinesischen Immobilienmarktes angesehen werden. Die drei Küstenprovinzen Shanghai, Fujian und Guangdong verzeichnen jährlich die höchsten Erträge aus Transaktionen mit Landnutzungsrechten und Immobilien sowie aus Vermietungen. Mit Peking, Shejiang, Tianjin und Jiangsu weisen vier weitere Küstenprovinzen ein überdurchschnittlich hohes Volumen bei Boden- und Gebäudetransaktionen auf.

Die gesamten Verkaufszahlen von Handels- und Gewerbeimmobilien sowie von kommerzialisierten Wohnimmobilien in den Küstenprovinzen übersteigen die der restlichen Provinzen durchschnittlich um ein Achtfaches. Eine vergleichbar hohe Aktivität lässt sich für Inlandsregionen nur für die Teilmärkte der Provinzen Sichuan, Henan und Hunan fest stellen. Die Investitionen in Handelsimmobilien sind in den östlichen Provinzen durchschnittlich sechsmal so hoch wie in den zentralen und westlichen Regionen Chinas. Bei der Betrachtung der Flächen (der Kategorien *Rohbau*, *Fertig gestellt* und *Verkauft)* ist ersichtlich, dass bezüglich der totalen Zahlen die Aktivitäten der östlichen Provinzen die der westlichen und zentralen Regionen durchschnittlich um ein Vier- bis Fünffaches übersteigen.

Die statistischen Daten belegen umfassend die gängige These, dass die Küstenregionen Chinas im Gegensatz zu den Hinterlandprovinzen über aktivere Immobilienteilmärkte verfügen.[211]

Bei der Suche nach Erklärungen für diese Unterschiede erhält neben der historischen Entwicklung der Umstand besondere Bedeutung, dass die Gelder der Investoren aus Taiwan, Macao und Hong Kong vornehmlich in die Immobilienwirtschaft der Küstenregionen fließen. Etwa 90% der interregionalen Differenzen beim Einkommen aus Vermietungen lassen sich mit dem Investitionsverhalten der Unternehmen aus Hong Kong, Taiwan und Macao erklären.

> „...a significant portion of the investment from Hong Kong, Macau, and Taiwan might have tied with the property development and speculations.“[212]

---

[210] Zur Lokalisierung der aufgeführten Regionen siehe Kartenmaterial im Anhang dieser Arbeit. (Anm. d. Verf.)

[211] Datenvergleich der Verfasserin anhand verschiedener monatlich aktualisierter Ausgaben der Online-Publikationen zum chinesischen Immobilienmarkt ZEPPELIN REAL ESTATE ANALYSIS LIMITED, 2002 und 2003; CHINA STATISTICS und CHINA STATISTICAL YEAR BOOK, 1999; SHANGHAI REAL ESTATE MARKET, 2002 (Anm. d. Verf.)

[212] HAN (Fn. 140), S. 128-129

Überdies sind die übergroße Mehrheit der Nachfrager auf dem Büroimmobilienmarkt und auf dem Markt für hochwertige Appartementanlagen ebenfalls in der Gruppe dieser chinesischstämmigen Investoren zu finden, die nicht im Mutterland ansässig sind. Bei der eigenen Nachfrage dieser Geschäftsleute kommen die gleichen Kriterien zur Anwendung wie bei ihrer Investitionsentscheidung, wodurch die Küstenprovinzen gegenüber dem Hinterland gleich mehrfach im Vorteil sind.

Als Balancefaktoren im gesamtchinesischen Wohnimmobilienmarkt können die Investitionstätigkeiten des Staates und der Arbeitskollektive angesehen werden, die gewährleisten, dass landesweit das notwendige Existenzminimum an Wohnraum zur Verfügung steht. Ebenso finden aktuell verstärkt politische Instrumente zur Erhöhung der Attraktivität der westlichen Provinzen für ausländische Direktinvestitionen Anwendung.[213]

Grundsätzlich ist fest zu halten, dass die westlichen und zentralen Regionen der VR China weit hinter der rasanten Entwicklung der Küstenprovinzen zurück liegen. Trotz des regulierenden Eingriffs des Staates im Bereich des Wohnungsteilmarktes können die gravierenden regionalen Unterschiede im Entwicklungsstand des chinesischen Immobilienmarktes nicht egalisiert werden.

4.3 Gliederung der Teilmärkte nach Objektarten

4.3.1 Der Markt für Wohnimmobilien

Der Wohnimmobilienmarkt ist der Tauschplatz für die verschiedenen Arten von Wohnungen, auf dem die mit dem Erwerb und der Veräußerung zusammenhängenden Handelsgeschäfte erledigt werden. Die Statistik zählt zu den Wohnimmobilien alle Wohnbauten, das heißt Gebäude, die mindestens zur Hälfte reinen Wohnzwecken dienen.[214] Der Teilmarkt für Wohnimmobilien in den chinesischen Städten umfasst unter anderem Mehrfamilienhäuser, Einfamilienhäuser, Appartements, Reihenhäuser und Villen.[215]

Unter dem Begriff „kommerzialisierte Wohnungen“ (*shuangping zhuzhai*) werden die Wohnungen zusammengefasst, die von Immobilienentwicklungsunternehmen mit Gewinnerzielungsabsicht am Markt zum Verkauf oder zur Miete

---

[213] Vgl. AHK 2002, Internetpublikation

[214] Vgl. YAO (Fn. 31), S. 18 und S. 37-38

[215] Keine andere Immobilienart ist von solcher Komplexität wie die Wohnimmobilie, die daher in die Kategorie der heterogenen Güter fällt. Heterogene Güter sind in ihren Merkmalen nicht identisch, stehen aber dennoch zueinander in Konkurrenz, da sie in gewisser Hinsicht substituierbar sind. Vgl. HEUER/ NORDALM 1996, S. 23

angeboten werden. Als „soziale Wohnungen" (*shihui zhuzhai*) gelten in China all jene Wohnungen, die mit direkten staatlichen Subventionen, mit Hilfe steuerlicher Vergünstigungen oder mittels subventionierter spezieller Wohnentwicklungsunternehmen errichtet werden. Weitere Klassifizierungen innerhalb des sozialen Wohnungsbaus sind die „preiswerten Wohnungen" (*jingji shiyong zhuzhai*) und die „Wohlfahrtswohnungen" (*fuli zhuzhai*), die noch unter dem früheren Wohlfahrtssystem der VR China erbaut und zu geringen Mieten an die Stadtbewohner verteilt wurden.[216]

Luxusappartements als Zugpferd

Der chinesische Wohnimmobilienmarkt befindet sich noch immer in der Gründungsphase. In der aktuellen Situation, insbesondere unter dem Aspekt ausländischer Direktinvestitionen, fällt dem Bau neuer Appartements für die kaufkräftigeren Bevölkerungsschichten eine tragende Funktion zu. Dieser Teilmarkt wurde anfänglich ausschließlich von ausländischen Immobilienentwicklungsgesellschaften erschlossen. Ausgehend von einer umfassenden Bautätigkeit im Raum Hong Kong in den späten 1980er Jahren entwickelte sich der Markt für Wohnimmobilien zunächst in den Sonderwirtschaftszonen und dehnte sich dann auf die großen Städte in Küstennähe aus. Für die Zeit seit 1992 spricht die Forschung einhellig von einem „Immobilienfieber"[217] in diesem Marktsegment. Der gesamte chinesische Immobilienmarkt wies alle typischen Begleiterscheinungen wie extreme Preisschwankungen, Spekulationen und Überangebot auf.[218]

Aktuelle Reformschritte im Wohnungssystem

In Verbindung mit der landesweiten Wirtschaftsreform wird das Wohnungssystem zur Zeit grundlegend umgestaltet.[219] Die Wohlfahrtswohnungen der vergangenen fünfzig Jahre sollen sukzessiv vom chinesischen Immobilienmarkt verschwinden, wofür andere Eigentumsarten von Wohnraum entstehen.

---

[216] Vgl. YAO (Fn. 31), S. 29-30

[217] Vgl. THÜMMEL (Fn. 7), S. 58; YAO (Fn. 31), S. 57-64; WANG/ MURIE (Fn. 45), S. 1480-1481; KITTLAUS (Fn. 46), S. 53-55

[218] So zeigte sich für das Jahr 1992 ein Preisverfall von 20% im Bereich des kommerziellen Wohnungsmarktes. 1993 wurden 85.000 Wohneinheiten auf dem freien Markt angeboten, wovon 18.000 Einheiten bereits vor der Fertigstellung verkauft werden konnten.
Vgl. THÜMMEL (Fn. 7), S. 58-59 Anm. in Fn. 194. Siehe auch Kap. 3.2.2 zur Immobilienmarktentwicklung. (Anm. d. Verf.)

[219] Zu diesem Zweck wurden eine Reihe von Zwangsmaßnahmen in die Wege geleitet, wie etwa der staatlich verordnete Zwangsbausparplan für junge Arbeitnehmer. Mitte 1994 setzte eine massive Unterstützung der chinesischen Reformbemühungen durch die Weltbank ein, deren finanzieller Umfang allein für die Förderung privaten Wohnungsbaus auf 950 Mio. US $ beziffert wird. Vgl. THÜMMEL (Fn. 7), S. 191-192

Die Vorgehensweise dabei entspricht in etwa dem nachfolgend beschriebenen Schema.

Zunächst wird der unrentable Wohnungsbestand abgerissen, wobei es sich überwiegend um regionstypische Architektur handelt, deren Verlust von vielen Bewohnern sehr beklagt wird. Die im Anschluss auf den geräumten Grundstücken errichteten Neubauten sollen auf dem Markt unter Gewinnerzielungsabsicht veräußert werden. Im Allgemeinen können die Bewohner während des Entwicklungsprozesses selbst entscheiden, ob sie die Wohnung unter Zahlung kostendeckender Mieten behalten, als kommerzialisierte Wohnungen zu Marktpreisen oder zu einem subventionierten Preis kaufen wollen.[220] Dabei ist zu beachten, dass die durchschnittlichen Einkommen der chinesischen Haushalte im Vergleich zu den Wohnungspreisen trotz des Anstiegs der vergangenen Jahre noch immer relativ niedrig sind. In Verbindung mit der allgemeinen Wirtschaftslage und der noch immer vorhandenen Skepsis gegenüber den wirtschaftspolitischen und gesellschaftlichen Änderungen resultiert daraus eine geringe Nachfrage nach Wohneigentum. Somit verfügen bislang weniger Haushalte über eigenen Wohnraum als staatlich geplant war.

Dafür ist die zweite Reformstufe konzipiert, die den Verkauf der staatlichen und kollektiven Altbauwohnungen an die bisherigen Nutzer beziehungsweise den stark subventionierten Verkauf der Neubauten durch den Staat und die *danwei* vorsieht. Diese Möglichkeit, die jedoch nur ein Teileigentum beinhaltet, zielt auf die neue chinesische Mittelschicht ab.[221]

Für den Fall, dass die beiden zuvor beschriebenen Wege der Privatisierung nicht durchsetzbar sind, werden die Mieten über einen langen Zeitraum hinweg angehoben, bis eine Kostendeckung erreicht ist.[222]

[220] Der Preis hierfür entspricht in etwa dem sechs- bis zehnfachen Jahreslohn eines Staatsbediensteten. Vgl. YAO (Fn. 31), S. 34; HUANG/ CLARK (Fn. 170), S. 11

[221] Das sogenannte „Eigentumsrecht ohne endgültiges Eigentumsrecht“; für diese Wohneinheiten hat der Arbeitnehmer zwar das Nutzungsrecht, was jedoch nur gilt, wenn er lebenslänglich in der Arbeitseinheit bleibt. Anderenfalls muss die Wohnung zurück gegeben werden. Ein Verkauf ist ebenfalls ausgeschlossen. Vgl. YAO (Fn. 31), S. 86-87; THÜMMEL (Fn. 7), S. 190-191

[222] Bedenklich ist die große Abneigung vieler Chinesen, ihre alten gewachsenen Viertel gegen die Anonymität eines Hochhauses zu tauschen. Aus architektonischer, insbesondere städtebaulicher und denkmalpflegerischer Sicht ist diese Methode des Kahlschlags kritisch einzuschätzen. Nach Meinung der Verfasserin wiederholen sich im heutigen China die Fehler der deutschen Nachkriegzeit, als historische Bausubstanz vernichtet wurde, damit sich das neue Bewusstsein in modernen Beton- und Glasfassaden repräsentierten konnte. (Anm. d. Verf.)

Gegenwärtige Kompromisslösung

Da die Nachfrager des Wohnungsmarktes kaum andere Substitutionsmöglichkeiten haben, zählen Wohnimmobilien zur Kategorie der starren Bedarfe eines Haushalts.[223] Die prinzipielle Notwendigkeit der Wohnraumversorgung der Bevölkerung unter der Einhaltung eines definierten Mindeststandards begründet das staatliche Engagement mittels wohnpolitischer Maßnahmen in diesem Bereich.

Auf diesem Gebiet ist der chinesische Staat sehr darum bemüht, das Wohnungsproblem schrittweise zu erleichtern. Allerdings bestehen starke Diskrepanzen zwischen dem Hauptziel der schnellen Kommerzialisierung des Immobilienmarktes und einer flächendeckenden Wohnraumversorgung der Bevölkerung. Aufgrund der offensichtlichen Unlösbarkeit zeigt sich auf dem aktuellen Wohnimmobilienmarkt der nachfolgend umrissene Kompromiss.

Obwohl bei jeder Gelegenheit die reformpolitischen Pläne der Dezentralisierung und Kommerzialisierung des staatlichen Wohnungswesens und eine Diversifizierung der Eigentumsordnung betont werden, ist die Bevölkerung in der Realität vornehmlich immer noch in die veralteten Systeme der *danwei* eingebunden, die mittlerweile primär die Allokation des städtischen Wohnraums organisieren. Zwar ist die ausschließliche Position der städtischen Arbeitsorganisationen hinsichtlich Wohnungsverwaltung und -zuteilung zu staatlich subventionierten Nominalmieten im Zuge der Reformen theoretisch aufgehoben worden, dennoch verstehen sich die *danwei* nach wie vor als „Institutionen der Redistribution materieller und sozialer Ressourcen".[224] Ungeachtet der massiven Agitation zur Förderung von privatem Wohneigentum leben derzeit noch immer rund zwei Drittel der städtischen Haushalte in Mietwohnungen, die im Eigentum der jeweiligen *danwei* sind.[225]

Analyse der Nachfrager am Markt

Generell treten in der Gegenwart drei große Nachfragergruppen parallel auf dem chinesischen Wohnimmobilienmarkt auf. Dies sind die Regierung, die *danwei* und die privaten Haushalte. Auch daraus ist ersichtlich, dass das staatliche Ziel der Kommerzialisierung und Privatisierung des Wohnimmobilienmarktes noch nicht vollständig umgesetzt werden konnte.

---

[223] Weder existieren adäquate Ersatzgüter, noch ist eine dauerhafte Aussetzung des Wohnraumbedarfs denkbar. Vgl. YAO (Fn. 31), S. 76-77

[224] KITTLAUS (Fn. 46), S. 68. Vgl. hierzu auch YAO (Fn. 31), S. 163-164

[225] Lediglich in einigen Küstenstädten im Süden Chinas, die in den vorangegangenen Jahren Experimentierfelder der Reformen im Immobilienmarkt gewesen waren, ist der Anteil von Privatwohnungen deutlich höher. Vgl. KITTLAUS (Fn. 46), ebd.

Zusätzlich zu den bereits dargelegten Gründen ist eine weitere Ursache hierfür, dass große Teile der chinesischen Bevölkerung die Marktmechanismen noch nicht akzeptiert haben und ebenso wenig über ausreichende Kaufkraft verfügen. Weiterhin ist auch eine für Schwellenländer typische mentalitätsbedingte Eigenheit von Bedeutung. So haben sich besonders die älteren Chinesen stets darauf verlassen, dass sie durch ihre Arbeitseinheiten den ihnen zustehenden Wohnraum irgendwann zugeteilt bekommen. Und so ziehen es auch heute noch viele Wohnungssuchende vor, geduldig abzuwarten, bis die nächste Wohnraumverteilung durch ihre *danwei* erfolgt, statt selbst aktiv zu werden.

Ein anderer Grund für die Dominanz nichtprivater Nachfrager am chinesischen Wohnimmobilienmarkt liegt in der bereits geschilderten Konditionenänderung der *danwei*, die Wohnungen zu einem extrem niedrigen Preis ohne vollständiges Eigentumsrecht an ihre Mitglieder zu vergeben. Auf diese Weise wird neben der originären Kaufaktivität der Mitglieder auch die Herausbildung eines Sekundärwohnungsmarktes erheblich behindert. Zum Vergleich sei an dieser Stelle Shanghai, die Stadt mit dem am stärksten entwickelten regionalen Immobilienteilmarkt Chinas, erwähnt. Hier machte der Anteil des Sekundärmarktes am gesamten Immobilienumsatz im Jahr 1998 lediglich ein Viertel aus.[226]

Analyse der Anbieter am Markt

Als Anbietergruppen für Wohnimmobilien sind vier verschiedene Institutionen anzunehmen. Von übergeordneter Bedeutung sind dabei die reinen Wohnimmobilienentwickler, deren primäre Unternehmensaufgabe bei Maximierung der Gewinnerzielung in der Bedarfsdeckung des Wohnungsmarktes besteht. Der Aufgabenschwerpunkt liegt dabei auf der Sanierung bestehender Wohlfahrtsbauten und der Projektierung von Neubauten.

Weiterhin sind Unternehmen mit originär andersartigen Hauptbetätigungsfeldern am Markt tätig. Dabei handelt es sich zumeist um Wohnbauabteilungen der *danwei* oder Tochtergesellschaften internationaler Konzerne. Ihre Ursprünge liegen überwiegend im Werkswohnungsbau, mittlerweile agieren viele von ihnen jedoch auch auf dem regulären Markt in den Bereichen Wohnungsbau, Verkauf oder Vermietung.

Seit Bestehen der VR China ist die öffentliche Hand als Bauherr tätig. Auch nach den Änderungen infolge der Immobilienmarktreform besteht Bedarf des besonderen Wohnangebots durch den Staat, so zum Beispiel für Sozialprojekte wie den Bau von Studentenwohnheimen oder Seniorenwohnanlagen.

---

[226] Vgl. YAO (Fn. 31), S. 163-164

Die privaten Haushalte als Anbieter haben für den chinesischen Wohnungsmarkt im Gegensatz zur Situation in westlichen Ländern quantitativ nur eine untergeordnete Bedeutung. Ihre Marktaktivitäten beschränken sich im Wesentlichen auf die Vermietung und Verwaltung von Zimmern in Privathäusern.[227]

Wohnungen für Ausländer

Da sich der Markt für Wohnimmobilien erst seit Beginn der 1990er Jahre entwickelt und zuvor ausschließlich das Zuteilungssystem[228] vorherrschte, wohnten in China arbeitende Ausländer in der Vergangenheit vorwiegend in Hotelzimmern. In den vergangenen Jahren entstanden in allen wichtigen Ballungszentren die sogenannten „Compounds" – in sich geschlossene, mit umfangreichen Serviceangeboten und modernsten Sicherheitsanlagen ausgestattete Wohnanlagen.

Die meisten Ausländer wohnen innerhalb dieser Anlagen in Reihenhäusern, Einfamilienhäusern oder Villen. Der Qualitätsstandard liegt hier zwar deutlich über dem chinesischen Durchschnitt, jedoch noch immer unter dem deutschen Ausstattungsstandard. Auch in den normalen chinesischen Wohnvierteln gibt es mittlerweile eine große Auswahl zweckdienlicher Objekte in verschiedenen Preiskategorien.[229] Aktuelle Miet- und Kaufpreise für diese von Nichtchinesen präferierten Objekte sind sehr schwer ermittelbar, da in der Regel gegenüber Ausländern ein überhöhter Preis genannt wird. Es wird für das Jahr 2002 in Shanghai von geforderten Mietpreisen für Villen und Einfamilienhäuser von bis zu 12.000 US $ monatlich berichtet.[230] Derzeit ist die Regierung bemüht, den Immobilienentwicklern Anreize zu bieten, verstärkt in den Geschosswohnungsbau für Chinesen zu investieren. Dadurch werden sich auch die Wohnbedingungen für Ausländer künftig ändern.

4.3.2 Der Markt für Büroimmobilien

Der Büroimmobilienmarkt ist der Markt, auf dem die Anbieter und Nachfrager alle mit dem Erwerb, der Veräußerung und der Nutzung von Immobilien im Zusammenhang stehenden Geschäftsvorgänge abwickeln.

---

[227] Vgl. LIU (Fn. 55), S. 142; YAO (Fn. 31), S. 91-93

[228] Entweder von den Kollektiven an ihre Mitglieder oder direkt vom Staat. Siehe Kap. 2 und 3 der vorliegenden Arbeit. Somit war es für einen Ausländer nicht möglich, auf dem regulären Weg an eigenen Wohnraum in China zu gelangen. (Anm. d. Verf.)

[229] Vgl. ERMANN 1996, S. 24-25

[230] Gespräch mit Maik Friedrich, Chief Economist der NORD/LB, Singapore, am 4.6.2003

Im Bereich des chinesischen Büroimmobilienmarktes sind die angebots- und nachfrageinduzierten Preisschwankungen noch ausgeprägter als im Wohnungsmarkt. Zu Beginn der 1990er Jahre herrschte in diesem Teilmarkt noch ein 40%iges Überangebot an hochwertigen Büroräumen. In Folge des Wirtschaftsaufschwungs und des damit verbundenen massiven Zuzugs neuer Unternehmen verwandelte sich der Markt innerhalb kürzester Zeit zu einem reinen Anbietermarkt. Bereits 1993 herrschte ein derartiger Mangel an geeigneten Büroflächen, dass ein Großteil der auf den chinesischen Markt drängenden Unternehmen nur in Hotels adäquate Räumlichkeiten fand. Der Gesamtbestand an Büroräumen betrug in diesem Zeitraum in Shanghai und Peking jeweils weniger als 250.000 qm.[231]

Aktuelle Situation

Derzeit verfügt der Büroimmobilienmarkt in Peking über vier Mio. qm Büroflächen und der Teilmarkt Shanghai über vier bis fünf Mio. qm Büroflächen. Davon fallen in Shanghai 3,3 Mio. qm in die Kategorie der mittel- bis hochwertigen Ausstattungsstandards.[232] Seit 1997 ist der Markt durch ein starkes Überangebot gekennzeichnet. Auffällig sind die diesbezüglichen Abweichungen zwischen der offiziellen chinesischen Statistik, nach der die Leerstandsrate für mittlere und hochwertige Büroflächen im Jahr 2001 bei nur 18,8% lag, und den Berichten ortsansässiger Immobilienexperten, die die Leerstandsquote seit Ende der 1990er Jahre bei etwa 45% ansiedeln.[233]

Eine Besonderheit des chinesischen Büroimmobilienmarktes ist es, dass einheimische Unternehmen auf dem offiziellen Markt kaum in Erscheinung treten, sondern ihren Bedarf durch selbst errichtete Gebäude befriedigen, die hinsichtlich der architektonischen Qualität kaum westlichen Anforderungen genügen können. Die am Markt aktiven Nachfrager stammen überwiegend aus Macao, Taiwan, Hong Kong und dem sonstigen Ausland.

Bei Vertragsabschlüssen ist unbedingt die chinesische Eigenart zu berücksichtigen, dass sämtliche Flächen Brutto ausgeschrieben werden. Die antei-

---

[231] Vgl. ERMANN (Fn. 118), Internetpublikation
[232] Allerdings aus chinesischer Sicht. Vgl. SHANGHAI REAL ESTATE MARKET 2002, S. 76-79
[233] Zum Vergleich: Statistische Jahrbücher div. Jahrgänge, insbesondere REAL ESTATE YEAR BOOK und div. immobilienwirtschaftliche Literatur; ERMANN (Fn. 118), Internetpublikation; ZEPPELIN REAL ESTATE ANALYSIS LIMITED, 2002, Internetpublikation

ligen öffentlichen Flächen werden stets bei den Büronutzflächen mit angegeben.[234]

Die Mietpreise folgen auf dem kommerziellen Markt der Nachfrageentwicklung und liegen heute bei durchschnittlich 115 Yuan/ qm und Monat. Mitte der 1990er Jahre hatten die Büromieten im Durchschnitt noch ein Vierfaches hiervon betragen. Nachdem für Spitzenobjekte in der nachfragstärksten Zeit bis zu 650 Yuan/ qm verlangt wurden, pendelten sich die Nominalmieten bei Neuverträgen in jüngerer Zeit bei etwa 80 bis 130 Yuan/ qm für Shanghai und 90 bis 150 Yuan/ qm für Peking ein.[235] Zudem bieten Bauträger ihren Mietern vielfach mietfreie Zeiten von bis zu 30% der Vertragslaufzeit und die Übernahme der Einrichtungskosten.

Der Weg zur eigenen Büroimmobilie

Die Nutzung von Büroimmobilien auf dem chinesischen Markt ist über verschiedene Wege reguliert. So kann zum Einen eine Bewerbung bei der Land- und Stadtplanungsverwaltung bereits zum Bau von Bürogebäuden berechtigen, wofür ein positiver Bescheid der entsprechenden Behörde von Nöten ist. Eine andere Möglichkeit ist die rechtzeitige Registrierung bei der örtlichen Gebäudeverwaltung. Schließlich besteht noch der Weg der Nutzung des Marktmechanismus. Die ersten beiden Möglichkeiten, über den regulativen Verwaltungsweg an den benötigen Büroraum zu kommen, werden von der übergroßen Mehrheit der in Shanghai ansässigen Firmen genutzt.[236] Der Büroraum wird dabei den Unternehmen von oben zugeteilt, wobei jegliche Marktmechanismen ausgeschaltet sind. Daher können die erhobenen Pachten und Mieten auch nicht die jeweilige Nachfragesituation widerspiegeln.[237]

Investorenverhalten

Ein Trend ist bereits im noch infantilen chinesischen Büroimmobilienmarkt zu entdecken: der Hang zu „Trophy Buildings“.[238] Insbesondere ausländische Immobilieninvestoren und Fondmanager bevorzugen die Kapitalbeteiligung an imageträchtigen Objekten, da sie generell die höchste Qualität im kommer-

---

[234] Überschlägig kann ein Verhältnis von 70% der nutzbaren Flächen zu den Bruttoflächen angesetzt werden, wobei die genauen Werte natürlich von den jeweiligen baulichen Gegebenheiten abhängen. Vgl. ERMANN (Fn. 118), Internetpublikation

[235] ZEPPELIN REAL ESTATE ANALYSIS LIMITED, 2003, Internetpublikation; ERMANN 2000, Internetpublikation; SHANGHAI REAL ESTATE MARKET 2002, S. 76-79

[236] Vgl. TSE 2002, S. 26

[237] Zu den weiteren Problemen des chinesischen Büroimmobilienmarktes siehe nachfolgende Kapitel. (Anm. d. Verf.)

[238] ZEPPELIN REAL ESTATE ANALYSIS LIMITED, 2002, Internetpublikation

ziellen Immobiliensektor anstreben. Hintergedanke ist die Neigung potenzieller Kunden, ihren Geschäften in Gebäuden mit hohem Wiedererkennungswert nachzugehen. Auch garantieren diese den Investoren auf lange Sicht stabilere Rückflüsse. Diese qualitativ hochwertigeren Objekte verursachen anfänglich zwar höhere Kosten, bieten jedoch eine verhältnismäßig gute Chance der Veräußerbarkeit auf dem Sekundär- und Tertiärmarkt. Demzufolge gilt seit einigen Jahren am erstklassigen chinesischen Büroimmobilienmarkt das Motto „Buy a bit higher, sell a bit higher.“[239]

Qualitative Mängel

Die mangelhafte Qualität der chinesischen Neubauten wurde bereits im Abschnitt zum Wohnimmobilienmarkt angesprochen. Auch im Bereich der kürzlich projektierten Büroimmobilien sind enorme qualitative Unterschiede hinsichtlich der Ausstattung, der Funktionalität der Grundrisse und der bautechnischen Ausführung fest zu stellen. Gemessen an deutschen Bauvorschriften weisen viele Büroobjekte in begehrten chinesischen Geschäftszentren extreme planerische Mängel wie beispielsweise zu geringe Deckenhöhen, fehlende Pkw-Stellplätze oder zu geringe Liftkapazitäten auf.[240] In der Phase der Bauausführung kommt es dann zu weiteren Unzulänglichkeiten, die entweder aus der mangelhaften Qualifikation der am Bau Beteiligten oder auf der mangelhaften Qualität der verwendeten Materialien beruhen. Insgesamt gesehen wird es noch einige Zeit in Anspruch nehmen, bis die moderne chinesische Büroarchitektur den internationalen Standards entspricht.

4.4 Der regionale Teilmarkt Shanghai

Überblick und jüngste Entwicklungen

Die Stadt Shanghai, die bereits am 29.11.1987 die Regeln für die Übertragung von Bodennutzungsrechten verabschiedet hat, spielt im Reformprozess des chinesischen Immobilienmarktes eine Pionierrolle.[241] Besonders auffallend ist, dass die landesweit mit Zwang durchgesetzten Reformen in den siebzehn Distrikten Shanghais (zehn davon im Stadtzentrum)[242] vergleichsweise

---

[239] ZEPPELIN REAL ESTATE ANALYSIS LIMITED, 2002, Internetpublikation. Siehe auch Übersicht im Anhang. (Anm. d. Verf.)
[240] Vgl. YAO (Fn. 31), S. 107-114; ERMANN (Fn. 118), Internetpublikation
[241] Vgl. THÜMMEL (Fn. 7), S. 152-153; GANG/ CHAO 1998, Internetpublikation
[242] Vgl. YUSUF/ WU 2002, S. 1216. Die Stadt, die den Status einer Sonderzone hat, bedeckt eine Fläche von rund 6.400 qkm. Es leben derzeit circa 13 Mio. Menschen in Shanghai. Vgl. TSE/ WEBB 2000, S. 142. Siehe Karte im Anhang dieser Arbeit (Anm. d. Verf.)

komplikationslos vonstatten gingen. Die Regionalregierung hatte bereits 1979 mit der Proklamierung der Kommerzialisierung des Immobilienmarktes begonnen und somit eine größere Resonanz in der Bevölkerung geschaffen.[243]

In Shanghai wurde im März 1988 die erste offizielle Veräußerung nach den neuen chinesischen Bestimmungen vorgenommen. In der Nähe des Flughafens im Distrikt Hongqiao wurde das Landnutzungsrecht für fünfzig Jahre an einem Grundstück von 12.900 qm Größe gegen ein Entgelt von 28 Mio. US $ an ein japanisches Unternehmen verkauft.[244] Seitdem hat sich die Marktentwicklung rasant beschleunigt, wobei in Shanghai zumeist die höchsten Verkaufspreise bei Immobilientransaktionen erzielt werden.

Im Jahr 1990, nur zehn Jahre seit der Öffnungspolitik, wurden in Shanghai neue Wohnflächen von 4.219.000 qm entwickelt. Der Privatisierungsgrad auf dem Immobilienmarkt betrug bereits 20,6%. Die innerhalb kürzester Zeit überall in Shanghai aktiven Immobilienentwicklungsunternehmen erstellten 825.000 qm der insgesamt 872.000 qm kommerziellen Wohnimmobilien.[245]

1991 wurde eines der größten Immobilienprojekte eines Joint Ventures aus Shenzhen und Hong Kong im Gebiet des Shanghaier Distrikts Hongqiao begonnen. Das Unternehmen erhielt den Zuschlag für ein 55.400 qm großes Grundstück gegen die Gebühr von 15 Mio. US $, auf dem hochwertig ausgestattete Villen gebaut wurden.[246]

Die Nutzungsdauer der Bodenrechte ist in kaum einer anderen chinesischen Stadt so kurz. Die zentralstaatlichen Normen von 1990 sehen großzügigere Regelnutzungszeiten vor, so gelten für Wohnnutzung allgemein siebzig Jahre – in Shanghai sind es jedoch nur fünfzig Jahre. Für Freizeitimmobilien und Vergnügungsstätten sind vierzigjährige Nutzungsdauern vorgesehen, die in Shanghai jedoch auf zwanzig Jahre beschränkt sind.[247]

---

[243] Gespräch mit Prof. Zeng, Tongji Universität Shanghai, China, am 9.4.2003

[244] Der Preis pro qm betrug 2.170,54 US $. Weitere Beispiele im Anhang dieser Arbeit. (Anm. d. Verf.)

[245] Vgl. WU (Fn. 90), S. 1612-1613

[246] Der Preis lag bei dieser Transaktion bei 270,76 US $/ qm. Die Nutzungsdauer beträgt 70 Jahre. (Anm. d. Verf.)

[247] Vgl. THÜMMEL (Fn. 7), S. 157 und Text in Fn. 551. Auf die Thematik der speziellen Regelungen zu den Landnutzungsrechten und zum aktuellen Bodenmarktes in Shanghai kann im Rahmen dieser Arbeit nicht näher eingegangen werden. Einen sehr guten Überblick bieten hierzu HIN (Fn. 60) und HIN (Fn. 168), jeweils komplette Abhandlung. (Anm. d. Verf.)

Shanghai ist die Stadt mit der höchsten Silhouette in China.[248] Besonders innerhalb der Ringstraße im Central District werden die Gebäudehöhen kontinuierlich gesteigert. Dabei sind die durchschnittlichen Gebäudehöhen seit Beginn der 1980er Jahre um zehn Vollgeschosse gestiegen.[249] Traditionelle Wohnbezirke (Anteil der Flächen für Wohnnutzung an der Gesamtfläche > 50%) befinden sich in den Distrikten Nanshi, Changning, Putuo, Xuhui, Pudong, Jingan, Luwan, Hongkou und Zhabei. Zu Industriegebieten (Anteil der Industrieflächen an der Gesamtfläche > 40%) werden seit Beginn der Reformen die Distrikte Baoshan,[250] Minhang und Yangpu entwickelt. Die klassische Einkaufszone der Stadt befindet sich in der ehemaligen britischen Konzession am Huangpu Fluss im gleichnamigen Distrikt.[251] Durch die Forcierung der Entwicklung der neuen Sonderwirtschaftszone Pudong[252] im Osten der Stadt dehnen sich die Einzelhandels- und Gewerbeflächen mittlerweile auch jenseits des Flusses aus. An der infrastrukturellen Anbindung wird derzeit schwerpunktmäßig gearbeitet.[253]

Die Stadt verfügt über den aktivsten Immobilienmarkt des Landes. Die chinesische Regierung verzeichnete für das Jahr 2001 Staatseinnahmen aus dem Immobiliensektor in Höhe von 78 Mrd. Yuan. In diesem Zeitraum betrugen die Einnahmen aus Grundstücksgeschäften in Shanghai rund 2 Mrd. Yuan. Mit dem Verkauf von kommerzialisierten Immobilien wurden insgesamt 56 Mrd. Yuan eingenommen. Allein an Geschäftssteuern und zusätzlichen Gebühren waren mehr als 3 Mrd. Yuan aus der Stadt Shanghai abzuführen.[254]

Direktinvestitionen

Die ausländischen Direktinvestitionen, die mit der Niederlassung internationaler Unternehmen im Stadtzentrum Shanghais verbundenen sind, haben zu einer zunehmenden Ansiedlung hochwertiger Büroobjekte und international konkurrenzfähiger Hotels geführt. Zugleich stellen die Ausländer auch die größ-

---

[248] Wie bereits im Vorwort dargelegt, widmet sich diese Arbeit ausschließlich dem innerchinesischen Immobilienmarkt mit Ausnahme der besonderen Märkte Hong Kong, Macao und Taiwan, die bereits anderenorts ausführlich untersucht wurden. (Anm. d. Verf.)
[249] Vgl. GAUBATZ (Fn. 89), S. 1510-1511
[250] Hier befindet sich beispielsweise die Niederlassung der Volkswagen AG. (Anm. d. Verf.)
[251] Vgl. FU et al. (Fn. 31), S. 54-57
[252] Die KPCh fasste im April 1990 den Entschluss, den Distrikt Pudong zur größten Sonderwirtschaftszone des Landes auszubauen, von der Impulse auf das gesamte Umland ausgehen sollten. „...Pudong should act as a dragon head for the cities along the Yangtze River to enable them to open up further." HAN 2000, S. 2095-2096. Vgl. auch WU 2000, S. 1359
[253] Siehe hierzu auch vorletzter Absatz Kap. 4.1.4 (Anm. d. Verf.)
[254] CHINA STATISTICAL YEAR BOOK 2001, CD ROM Publikation

te Nutzergruppe von hochwertigen Büroobjekten.[255] Die höchste Konzentration US amerikanischer Firmen des produzierenden Gewerbes und des Dienstleistungssektors findet sich im Gebiet rund um das Shanghai Centre. Eine weitere Ansammlung vorwiegend amerikanischer Unternehmen befindet sich im Distrikt Hongqiao rund um das Internationale Handelszentrum.[256]

Büroimmobilienmarkt

Dieser Teilmarkt Shanghais ist seit Jahren ein sehr attraktives Ziel für ausländische Investoren[257] und konnte daher schnell auf den gegenwärtigen Bestand von etwa 3,3 Mio. qm Büroflächen mittleren und höheren Standards anwachsen.[258] Die Kaufpreise für Büroflächen hatten ihren Höhepunkt in den Jahren 1994 und 1995. Seitdem ist ein stetiger Preisrückgang zu verzeichnen.[259]

Die Mieten sanken um rund 60% gegenüber ihrem Höchststand im Jahr 1997, wo für die wenigen qualitativ annehmbaren Büroflächen bis zu 620 Yuan/ qm im Monat gezahlt wurden.[260] Zur Zeit liegen die Büromieten bei durchschnittlich 80 bis 130 Yuan/ qm. Die höchsten Mieten werden derzeit mit rund 300 Yuan/ qm im „Shanghai Center" erhoben.[261]

In Shanghai lassen sich aktuell vier große Bürolagezentren lokalisieren. Die älteste Bürolage der Stadt befindet sich im westlichen Distrikt Hongqiao in der Nähe des alten Flughafens. Mittlerweile sind viele Unternehmen von dort ins Stadtzentrum in die neuere Bürozone nahe dem alten Messegelände an der westlichen Nanjing Road umgezogen. Dieser Bereich verspricht durch die Fertigstellung mehrerer Großprojekte und den Metroanschluss ein großes Zukunftspotenzial. Der dritte Bürobereich, der über eine optimale Verkehrsanbin-

---

[255] Eine Untersuchung der Mieterstruktur von Bürogebäuden internationalen Standards zeigt, dass 90% dieser hochwertigen Objekte von ausländischen Unternehmen genutzt werden. Dabei stellen die Japaner mit 40% die größte Investorengruppe, gefolgt von den US Amerikanern mit 16% und den Investoren aus Hong Kong, Taiwan und Macao, die es zusammen auf 17% bringen. Vgl. YEAR BOOK OF CHINA REAL ESTATE MARKET 1996, CD ROM Publikation

[256] Vgl. WU (Fn. 252), S. 1363-1364

[257] Die meisten Investoren stammen aus Hong Kong, Macao oder es handelt sich um Überseechinesen. Durch die statistische Erfassung in der Kategorie der nichtchinesischen Investoren ergibt sich somit ein leicht verzerrtes Bild. (Anm. d. Verf.)

[258] Das Segment der Büroobjekte niedriger Ausstattung soll hier aufgrund fehlender Relevanz nicht explizit untersucht werden. Vgl. TSE et al. 1999, S. 207. In den frühen 1990er Jahren entwickelten ausländische Immobiliengesellschaften auf über 200 Baustellen mehr als 3 Mio. qm Land in Shanghai. Vgl. FU et al. (Fn. 31), S. 56-57

[259] Über aktuelle Kaufpreise für Büros in Shanghai liegen keine verwertbaren statistischen Daten vor. (Anm. d. Verf.)

[260] Vgl. TSE/ WEBB (Fn. 241), S. 142 –146; FU et al. (Fn. 13), S. 56

[261] Vgl. SHANGHAI REAL ESTATE MARKET 2002, S. 80-81; TSE 2002, S. 24-25; ZEPPELIN REAL ESTATE ANALYSIS LIMITED, 2002, Internetpublikation

dung verfügt, befindet sich zwischen dem nördlichen Ende des People´s Square und der östlichen Huaihai Road.[262] Die vierte Bürolage ist der Distrikt Pudong mit Lujiazui am Ostufer des Flusses Huangpu, der durch zahlreiche Infrastrukturmaßnahmen stark an Attraktivität gewonnen hat. Pudong ist eine der größten und seit Jahren ununterbrochen im Mittelpunkt des öffentlichen Interesses stehenden Entwicklungszonen des Landes und wurde für verschiedene Pilotprojekte ausgewählt.[263] Geplant als funktionale und räumliche Erweiterung der Innenstadt Shanghais soll hier unter Nutzung ausländischer Direktinvestitionen vornehmlich für den nicht chinesischen Markt produziert werden. Kenner des chinesischen Immobilienmarktes erwarten, dass sich der Distrikt Pudong mit seiner Bürozone Lujiazui entsprechend der Absichten der chinesischen Regierung mittelfristig zu einem „Central Business District" entwickeln wird.[264]

Für einen kräftigen Nachfrageanstieg nach Büroimmobilien sorgten am Ende der 1990er Jahre insbesondere High Tech und IT Unternehmen. So haben die Shanghai Telecom und China Telecom große Research Center in Shanghai errichtet. IBM investiert seit 2001 rund 300 Mio. US $ in seine Niederlassung in Shanghai. In naher Zukunft wird eine verstärkte Nachfrage nach Büroraum vom Technologiesektor erwartet. Daher umfasst der sogenannte „10. Fünf-Jahres-Plan für Shanghai" Investitionen der Stadt im Zeitraum 2001-2005 im Umfang von über 18 Mrd. US $ im IT Bereich und weiteren 10,5 Mrd. US $ für Infrastrukturmaßnahmen.[265]

Die Leerstandsraten im Bereich der Büroimmobilien lagen 1991 bei 33%. 1993 und 1994 waren keine nennenswerten Leerstände zu verzeichnen, wohingegen die Rate seit 1995 kontinuierlich ansteigt. 1998 lag die Zahl der leer stehenden Büroräume in Puxi und in Pudong bei rund 45%.[266] Derzeit stehen in Pudong circa die Hälfte der höherwertigen Büroimmobilien leer, während die Leerstände im Stadtinneren rückläufig sind. Shanghai verzeichnet im Landes-

---

[262] Vgl. ERMANN (Fn. 229), Internetpublikation

[263] Vgl. TSE (Fn. 261), S. 21. Die Gesamtfläche dieses Distriktes beträgt 350 qkm und soll somit die flächenmäßige Ausdehnung der Stadt verdoppeln. Innerhalb eines Jahres wurden 38 qkm bebaute Flächen fertig gestellt und weitere 60 qkm erschlossen. Vgl. GAUBATZ (Fn. 89), S. 1505. Die Einwohnerzahl beträgt derzeit etwa 1,5 Mio. Die Hälfte aller Appartements wird an Einwohner des Shanghaier Innenstadtgebietes Puxi verkauft, die in der neuen Entwicklungszone arbeiten. Vgl. CRISPIN 2001, Internetpublikation

[264] Vgl. ERMANN (Fn. 229), Internetpublikation

[265] Vgl. TSE (Fn. 261), S. 23

[266] Seit 1995 werden die Leerstände gesondert für den Bereich Pudong und für den aus allen westlich des Huangpu Flusses gelegenen Distrikten bestehenden Bereich Puxi erhoben. Vgl. TSE (Fn. 261), ebd.; FU et al. (Fn. 31), S. 56

vergleich und in einer Gegenüberstellung mit anderen südostasiatischen Ballungszentren die höchsten Leerstandraten im Büroimmobiliensektor.

Die führenden internationalen Unternehmen setzen ihren Expansionstrend weiter fort und immer mehr ausländische Firmen drängen auf den chinesischen Markt. Dadurch kommt es derzeit zu einer starken Nachfrage nach Büroräumen internationalen Standards, wodurch die Leerstände im gesamten Büroimmobilienmarkt jedoch nicht abgebaut werden können.

Wohnungsmarkt

Der Teilmarkt für Wohnimmobilien verzeichnet einen deutlichen Überhang an kommerzialisierten Wohnungen, die auch von Ausländern genutzt werden können. Im Jahr 2001 wurden in allen Segmenten des Wohnimmobilienmarktes 17.439.000 qm neue Flächen erstellt. Die dabei getätigten Investitionen erreichten mit 46 Mrd. Yuan erstmals wieder den hohen Stand von 1995.[267] Nachdem die Mieten und Kaufpreise zu Zeiten des Anbietermarktes Mitte der 1990er Jahre sehr hoch waren und selbst kleine Appartements nicht unter 1.800 US $ monatlich zu mieten waren, sind die Wohnungsmieten in den letzten Jahren deutlich gesunken.[268] Im Jahr 2000 waren Einfamilienhäuser ab etwa 2.000 US $ monatlich zu mieten. Die Kaufpreise pendeln in diesem Segment zwischen 800 US $/ qm und 1.800 US $/ qm.

Die meisten Ausländer bevorzugten die Wohngegend um den alten Flughafen in Hongqiao. In Folge des Umzugs vieler Büros in die Innenstadtlagen und der Verbesserung der Infrastruktur suchen viele in China arbeitende Ausländer ihren Wohnsitz nun verstärkt in Compounds im Stadtzentrum. Besonders begehrt ist die Wohnlage rund um das ehemalige französische Konzessionsgebiet entlang der Hengshan Road und um das alte Messegelände an der westlichen Nanjing Road. Im Zuge der wachsenden Attraktivität sind auch in Pudong einige Villen- und Wohnungsanlagen entstanden.

Die Qualität der neuen Objekte übertrifft die der alten Wohnimmobilien bei Weitem. Dennoch haben viele westliche Mieter und Käufer oftmals Schwierigkeiten hinsichtlich des Ausstattungsstandards, des Designs und des Grundrisses der Wohnungen. Die sogenannten Service-Wohnungen, bei deren Anmie-

---

[267] SHANGHAI REAL ESTATE MARKET 2002, S. 47-49

[268] Dennoch ist es sehr schwierig, die Preise zu recherchieren, da die mangelnde Transparenz nicht an die Marktverhältnisse angepasste Mietforderungen gegenüber Ausländern immer noch begünstigt. Es ist unmöglich, einen Mietspiegel oder dergleichen zu erstellen. Siehe hierzu auch Kap. 4.3.1 und Kap. 4.5.2 dieser Arbeit. (Anm. d. Verf.)

tung man zusätzlich über eine Reihe von Dienstleistungen verfügen kann, erfreuen sich jedoch unter Ausländern großer Beliebtheit. Kenner des chinesischen Immobilienmarktes prognostizieren eine Lockerung der Bestimmungen zur Wohnsitznahme für Ausländer, wodurch in Zukunft die Preise sinken dürften, wenn allgemein ein niedrigerer Standard als im Heimatland akzeptiert wird.[269]

4.5 Probleme der chinesischen Immobilienwirtschaft

4.5.1 Ungelöste Entschädigungsregelungen

Ein wesentliches Problem, das ab ca. 2007 auf die chinesische Regierung zukommen wird,[270] sind die ungeklärten Rückgabemodalitäten der zwischenzeitlich von den Investoren bebauten und bewirtschafteten Grundstücke. Obwohl das am 1.1.1995 in Kraft getretene „Immobilienverwaltungsgesetz" den Schutz des Inhabers der Bodennutzungsrechte verstärkt,[271] kann es nicht als befriedigend angesehen werden, dass das geltende Recht für den Fall einer Nichtverlängerung der Landnutzungsrechte noch immer vorsieht, dass sämtliche mit dem Grundstück verbundene bauliche Anlagen entschädigungslos an den chinesischen Staat fallen.[272]

Es ist mit unserem Rechtsverständnis schwer zu vereinbaren, dass die durch Bebauung und Bewirtschaftung seitens der Investoren erzielte Wertsteigerung eines Grundstücks nach Ablauf der Nutzungsfrist einzig dem Staat zugute kommen soll. Dabei verliert der frühere Inhaber des Landnutzungsrechtes aufgrund der rechtlichen Einheit von Gebäuden und Nutzungsrecht alles, was er im Lauf der Frist auf dem Grundstück errichtet hat. Nach Ansicht einiger Rechtswissenschaftler ist diese Vorgehensweise einer Enteignung gleichzusetzen.[273] Es ist denkbar, dass diese Problematik der Konfiszierung des Eigentums der Rechtsnutzer in naher Zukunft zu großen Schwierigkeiten führen wird. Während der zweiten Hälfte der Nutzungsfrist wird die Bereitschaft zur Instandhal-

---

[269] Vgl. ERMANN (Fn. 229), Internetpublikation

[270] Dann laufen die ersten Landnutzungsrechte mit verkürzter Nutzungsdauer (zwanzig Jahre) aus, die ab 1987/88 erworben wurden. (Anm. d. Verf.)

[271] Siehe Kap. 3.2.1 dieser Arbeit. (Anm. d. Verf.)

[272] THÜMMEL (Fn. 7), S. 159, bezeichnet diese abwartende Haltung der chinesischen Gesetzgebung als „typisch für die außerordentlich stark an der Praxis orientierte Gesetzgebungsmethodik der Volksrepublik."

[273] Einige gehen sogar soweit, die Behandlung des Nutzers durch den Staat mit der eines Wirtschaftskriminellen zu vergleichen, dessen Bestrafung in der Beschlagnahmung seines Vermögens besteht. Vgl. THÜMMEL (Fn. 7), S. 160-161

tung der Immobilien sinken. Die Nutzer werden gegen Ende der Frist versuchen, so viel wie möglich von ihren in bauliche Anlagen investierten Einrichtungen zurück zu bauen und abzumontieren, damit dem Staat am Tag der Übergabe keine bedeutsamen Vermögenswerte verbleiben. Dies wird erheblich negative Auswirkungen auf das Erscheinungsbild der chinesischen Innenstädte haben.

Aus Sicht der chinesischen Regierung kann es nicht erstrebenswert sein, nach Ablauf des Bodennutzungsrechts die leer gefallenen Immobilien zu übernehmen, da die Bausubstanz veraltet sein wird und sich das Problem der künftigen Nutzung stellt. Die dann dringend notwendigen Investitionen können nicht allein vom Staat getragen werden. Da die ersten Bodennutzungsrechte in wenigen Jahren auslaufen, wird die chinesische Regierung in absehbarer Zeit im Zugzwang einer für Investoren befriedigenden Regelung sein. Nach Meinung der Verfasserin könnte eine beidseitige (stillschweigende) Verlängerung der Bodennutzungsrechte (eventuell mit Verpflichtung zur Investition und Modernisierung) einen Ausweg bieten.

4.5.2 Gegenwärtige Schwierigkeiten des Büro- und des Wohnimmobilienmarktes

Ein Großteil der heutigen Schwierigkeiten des chinesischen Immobilienmarktes ist auf Fehlentscheidungen der Vergangenheit zurück zu führen. In den 1990er Jahren haben die Immobilienentwicklungsunternehmen die Aufnahmefähigkeit des Marktes aufgrund überzogener Investitionsforderungen und animierter Nachfrage falsch eingeschätzt.[274] Der daraus resultierende Bauboom insbesondere im Segment der höherwertigen Wohn- und Büroimmobilien hat zu einem extremen Überangebot an erstklassigen Büroräumen in den chinesischen Ballungszentren geführt.[275] Die Leerstandraten in Pudong (Shanghai) für Büros gehobenen Standards sind die höchsten im Landesvergleich.[276] Für die Zukunft wird daher die Unterscheidung von überhitzter Inlandsnachfrage und wirklichem Interesse für eine realistische Annahme der Nachfrage von Bedeutung sein.

Ein großes Problem liegt in den Eingriffen des Staates in alle wesentlichen Belange des Immobilienmarktes. Ein stark regulierter Markt führt letztlich zu geringer Konkurrenz und Ineffizienz. Der chinesische Immobilienmarkt zeich-

---

[274] Dabei handelte es sich bei vielen der als ausländische Investoren registrierten Nachfrager in Wirklichkeit um Inlandschinesen, die mittels eines Joint-Ventures in den Genuss der Steuervergünstigungen der Regierung zu kommen versuchten. Vgl. TSE (Fn. 261), S. 25

[275] Vgl. WANG/ MURIE (Fn. 45), S. 1492; KITTLAUS (Fn. 46), S. 54

[276] Vgl. TSE (Fn. 261), ebd.

net sich zwar durch eine Vielzahl von Regelwerken und Gesetzen aus, ihre Umsetzung in der Praxis divergiert indessen stark. Die Bautätigkeit reflektiert ebenfalls nicht die wirkliche Marktsituation. Ebenso trägt die mangelnde Wettbewerbssituation zu regionalem Ungleichgewicht zwischen Angebot und Nachfrage bei.

Ein augenfälliges Phänomen des chinesischen Wohnimmobilienmarktes ist das gleichzeitige Auftreten von akutem Wohnungsmangel und Leerständen. In China ist eine Gesamtfläche von 33 Mio. qm zum Teil einsturzgefährdeter Wohnungen stark sanierungs- oder nur noch abrissbedürftig. Während aktuell ein landesweiter Wohnungsleerstand von mehr als 70 Mio. qm zu verzeichnen ist, gibt es in allen chinesischen Städten Haushalte, die mit einer Pro-Kopf-Wohnfläche von weniger als vier qm auskommen müssen. Die Gründe hierfür liegen zum Einen in den gravierenden Einkommensunterschieden und den hohen Preisen des privaten Immobilienmarktes, zum Anderen nehmen viele Haushalte dank der niedrigen Mieten des alten Wohlfahrtswohnungssystems beengende und unkomfortable Wohnverhältnisse in Kauf.[277]

Im Bereich des Wohnimmobilienmarktes existiert eine beträchtliche Marktzugangsschwelle in Form der hohen Preise für kommerzialisierte Wohnungen. Diese überschreiten die Kaufkraft der Mehrheit der städtischen Bevölkerung bei Weitem, was letztendlich zu einer Stagnation des Wohnimmobilienmarktes führt.[278] Eine Ursache für die hohen Immobilienpreise liegt in den teilweise extrem hohen Bodenpreisen, wobei die Bodennutzungsgebühren und Steuern durch Abriss-, Umsiedlungs- und andere lokal erhobene Gebühren erweitert werden.[279] Ein weiterer Grund für die hohen Bodenkosten ist die Verfahrensweise der chinesischen Behörden, welche die auf die gesamte Nutzungsdauer bezogenen Landnutzungsgebühren in einer einmaligen Erhebung anfordern. Ferner sind in der VR China als Folge der vergleichsweise niedrigen Ar-

---

[277] Jährlich drängen zudem zwei Mio. neuvermählte Paare auf der Suche nach einer eigenen Unterkunft auf den Markt, wodurch der Wohnungsnotstand zusätzlich verschärft wird. Vgl. YAO (Fn. 31), S. 88-89 und S. 341-344

[278] In Shenzhen wurden für Hochhauswohnungen Kaufpreise bis zu 7.000 Yuan/ qm verlangt. Vgl. THÜMMEL (Fn. 7), S. 190. Die Zuwachsrate des Preisindexes für kommerzialisierte Wohnungen ist deutlich höher als die des Konsumgüterpreisindexes. Am eindringlichsten offenbarte sich diese Situation 1990, als die Zuwachsrate des landesdurchschnittlichen Preisindexes für kommerzialisierte Wohnungen 22,7% betrug, während die positive Änderung des Konsumgüterpreisindexes bei lediglich 1,3% lag. Vgl. YAO (Fn. 31), S. 98-99

[279] Zu den in diesem Rahmen anfallenden finanziellen Aufwendungen siehe Anhang dieser Arbeit. (Anm. d. Verf.)

beitsproduktivität[280] und des geringeren Entwicklungsstands der Produktionsfaktormärkte auch die durchschnittlichen Baupreise sehr hoch. Des Weiteren nimmt die Bauausführung in Folge des niedrigen Industrialisierungsstandards lange Zeit in Anspruch, wobei der Verbrauch an Bodenressourcen, Energie und Werkstoffen mehr als dreimal so hoch ist wie in höher entwickelten Industrieländern.

Die ungenügende Qualität im chinesischen Bauwesen führt in Verbindung mit dem mangelnden Wettbewerb und den fehlenden Informationen über die Präferenzen der Nutzer zu einer prekären Situation auf dem Immobilienmark für Standardwohnungen. Bevor die Käufer in ihre Wohnungen einziehen können, ist zumeist eine umfassende Instandsetzung des eigentlichen Neubaus notwendig, da viele technische Installationen und Sanitäranlagen nicht vorhanden sind.[281]

Die fehlende Beachtung der Marktprinzipien hat letztlich zu einer unbefriedigenden staatlichen Lenkung des Angebots an Grundstücken und der städtebaulichen Entwicklung geführt. Viele Unternehmen bauen derzeit viel zu voreilig aus der Befürchtung heraus, die Regierung könne das Sanierungsrecht aufheben oder die Gewinne aus den Immobilien- und Entwicklungsgeschäften konfiszieren.[282] Da die Mehrheit der Unternehmen auf diese Weise dazu veranlasst wird, so viel wie möglich in kurzer Zeit auf Vorrat zu bauen, ist mit einem Rückgang der Leerstandsraten in absehbarer Zeit kaum zu rechnen.[283]

In Folge der Heterogenität der Immobilien treten zwischen Angebot und Nachfrage verstärkt Disparitäten auf, deren Ursache nicht in der allgemeinen Versorgungslage begründet ist. Die am Markt angebotenen Qualitäten sind nicht kongruent mit den nachgefragten Immobilienqualitäten.[284] Eine erhöhte Nachfrage nach höherwertig ausgestatteten Büroräumen in zentraler Lage kann nicht durch ein Mehrangebot an Hinterhofbüros gedeckt werden. Ebenso wenig kann ein Mangel an Sozialwohnungen durch ein Überangebot an Luxuswohnungen kompensiert werden. Genau in dieser Diskrepanz liegt jedoch das gegenwärtig

---

[280] Viele Gesellschaften weisen eine zu geringe Größe auf, so dass sie nicht über die ausreichende Kapazität verfügen, um die wirtschaftlichen Anforderungen zu erfüllen. Das durchschnittliche Aktienkapital dieser Gesellschaften betrug 1995 weniger als 10 Mio. Yuan. Im Vergleich dazu betrugen die ausländischen Direktinvestitionen im Immobilienmarkt im selben Zeitraum 1,33 Mrd. US $. Vgl. YAO (Fn. 31), S. 100-101, 107-109; PUTZKE 1999, Anlage 10. Zur Umrechnung siehe Fn. 86 (Anm. d. Verf.)

[281] Der Aufwand für diese nachträglichen Modernisierungsmaßnahmen wird auf jährlich mehr als 1.000 Yuan/ qm geschätzt. Vgl. YAO (Fn. 31), S. 114

[282] Vgl. TSE (Fn. 261), S. 25. Vgl. auch LAU 1996, S. 236; TSE et al. (Fn. 258), S. 207

[283] Siehe hierzu Kap. 4.1.3 (Anm. d. Verf.)

[284] Die Tatsache, dass ca. 7% der Wohnungsleerstände auf Luxusappartements entfallen, für die die Kaufkraft der durchschnittlichen Bevölkerung nicht ausreicht, verdeutlicht diesen Zusammenhang. Vgl. YAO (Fn. 31), S. 40-41 und 342-343

größte Problem des chinesischen Immobilienmarktes.[285] Weiterhin führt die fehlende Markttransparenz auf der Anbieter- und auf der Nachfragerseite zu einem Mangel an relevanten Informationen und erschwert die Kommunikation zwischen den einzelnen Teilmärkten. Dadurch wird ein marktgerechtes Verhalten der Marktteilnehmer und das Zustandekommen eines übergeordneten Marktausgleichs behindert.[286]

Viele Immobilienprojekte werden mittels kurzfristiger Finanzmittelaufnahme in einem intransparenten Markt ohne stabile Finanzierung seriöser Banken durchgeführt, wobei man sich primär auf einen schnellen Gewinn durch den Vorabverkauf der Einheiten verlässt. Hierin liegt auch eine potenzielle Gefahr des Betrugs an den Endkunden, da das Entwicklungsunternehmen durch einen erfolgreichen Vorabverkauf nur noch wenige Anreize hat, die Gebäude vollständig fertig zu stellen.[287] Viele Projekte werden auch aus dem Grund nicht fertig gestellt, weil die Entwicklungsunternehmen durch den Eingriff der staatlichen Kontrollmechanismen in Insolvenz gehen. Diejenigen, die ihre Immobilienprojekte abschließen können, haben oftmals große Schwierigkeiten, den geeigneten Markt für ihre Produkte zu finden.[288]

Ein weiteres Problem des heutigen städtischen Immobilienmarktes in China stellt der Schwarzmarkt dar. Wanderarbeiterfamilien mit dörflichem *hukou*,[289] die zu Hunderttausenden die Großstädte umlagern, sind die vornehmliche Kundschaft der am Schwarzmarkt aktiven Immobilienmakler.[290] Ferner behindert die Spekulation mit Bodennutzungsrechten und die Korruption bei der Vergabe der Rechte durch die Verwaltungen eine gesunde Entwicklung des Immobilienmarktes. Oftmals werden begehrte Grundstücke nicht unter dem Aspekt der städtebaulich günstigsten Entwicklung vergeben, sondern statt dessen Freunden und Verwandten übertragen.

---

[285] Die Gesamtfläche des Immobilienleerstands 1998 betrug landesweit 87,83 Mio. qm, wovon 70% auf Wohnimmobilien entfielen. Von der drei Jahre zuvor nicht verkauften Immobilienfläche von 38,82 Mio. qm waren 77% reine Wohnbauten, wovon 7% auf Luxusappartements entfielen. Vgl. YAO (Fn. 31), S. 341-342

[286] Beim Nachfrager führt dies dazu, dass er durch Annahme eines beliebigen Angebots nicht sein Optimum verwirklichen kann. Beim Anbieter bewirkt die mangelnde Markttransparenz, dass die Investitionsentscheidung sowie der Erstellungs- und Vermarktungsprozess der Immobilien mit einem Risiko verbunden sind, da keine Informationen zu den Absichten der Konkurrenten und den Präferenzen der Nachfrager vorliegen. (Anm. d. Verf.)

[287] Hier setzt der zweite Teil des „Immobilienverwaltungsgesetzes" an, insbesondere §§ 44 und 45. (Anm. d. Verf.)

[288] Vgl. WANG/ MURIE (Fn. 45), S. 1492-1493; WALKER 1994, S. 207

[289] Siehe Erläuterungen in Fn. 187 dieser Arbeit. (Anm. d. Verf.)

[290] Vgl. WU 2002, S. 1080

„Therefore, the need to control land use through land-use planning becomes more acute than before.“[291]

Ebenfalls stellen die teilweise zweifelhafte Seriosität und die dürftige Eigenkapitalausstattung der noch immer zahlenmäßig zunehmenden Immobilienentwicklungsunternehmen ein schwerwiegendes Problem dar.[292]

Trotz der intensiven Reformbemühungen der chinesischen Regierung ist das staatliche Regulierungssystem noch immer als ungenügend zu bezeichnen. In vielen Städten existieren mehrere immobilienwirtschaftlich relevante Institutionen wie Bodenverwaltungsamt, Wohnungsverwaltungsamt, Planungskommission, Entwicklungsbüro und Baukommission nebeneinander ohne einen funktionierenden Datenaustausch. Zuständigkeitsschwierigkeiten und Kompetenzgerangel sind eine unausweichliche Konsequenz, da alle Behörden nahezu deckungsgleiche Funktionen ausüben. Ressourcenverschwendung, niedrige Leistungsfähigkeit und eine den gebauten Realitäten hinterher hinkende Stadtplanung sind die gravierenden Folgen.[293] Da marktwirtschaftliches Denken in der VR China erst seit wenigen Jahren gefördert wird und der Immobilienmarkt noch in der Anfangsphase seiner Entwicklung steckt, ist die zielorientierte Abstimmung der steuer-, kredit-, finanz- und rechtspolitischen Instrumente oftmals noch unzureichend.

Das Fehlen von gut ausgebildeten Bau- und Immobilienfachleuten auf dem chinesischen Markt zeigt sich am auffälligsten in der mangelhaften Leitung der Vermarktung und Verwaltung städtischer Immobilien. Die Immobilienintermediation verfügt auf ihrem niedrigen Entwicklungsniveau nur über wenige Dienstleistungsstufen, einseitige betriebliche Ausrichtung der Mitarbeiter und begrenzte Betriebsumfänge. Auch viele der Immobilienentwicklungsunternehmen arbeiten mit schlecht ausgebildetem Personal.[294]

Ebenso sind die Möglichkeiten objektiver Marktanalysen und Prognosen zum künftigen Marktgeschehen durch die mangelhafte Erfassung genauer statistischer Daten für die einzelnen Objektarten stark eingeschränkt. Ein Großteil der Daten wird in China lediglich für den Behördengebrauch erhoben und steht der Öffentlichkeit nicht zur Verfügung.[295] Somit werden tiefergehende For-

---

[291] WU (Fn. 290), S. 1079

[292] Vgl. PAULUS (Fn. 83), S. 64-65

[293] Nach YAO (Fn. 31), S. 343-344, entstammt die administrative Stadtplanung vielenorts noch der Zeit der reinen Planwirtschaft. Den Anspruch einer rationalen und zukunftsweisenden Strategie kann sie somit kaum erfüllen.

[294] Vgl. TSE (Fn. 261), S. 25; WANG/ MURIE (Fn. 45), S. 1493; YAO (Fn. 31), 344-346

[295] Vgl. LIU (Fn. 55), S. 146; MUKHERJI 2001, S. 9-10

schungsarbeiten von Immobilienspezialisten durch das Versäumnis der seriösen wissenschaftlichen Erfassung und Untersuchung der Komplexität des Immobilienmarktes sehr erschwert. Da demzufolge derartige Erkenntnisse kaum publiziert werden, besteht die Gefahr, dass sich auch künftig viele Unternehmen mit dem Problem eines ineffizienten Immobilienmarktes konfrontiert sehen werden.

4.6 Die Entwicklungstendenzen des chinesischen Immobilienmarktes

Das künftige Entwicklungsniveau des chinesischen Immobilienmarktes hängt in hohem Maße von der gesamtwirtschaftlichen Entwicklung und von einer Änderung der politisch-rechtlichen Rahmenbedingungen im Land ab.

Die Entwicklungstendenzen des chinesischen Immobilienmarktes sollen im Folgenden unter dem Blickwinkel der staatlichen Ziele für den Immobilienmarkt, der Maßnahmen zur Umsetzung dieser Ziele und der Prognose der allgemeinen Wirtschaftsentwicklung der Volksrepublik aufgezeigt werden.

Das hohe Wachstumstempo der chinesischen Wirtschaft seit Ende der 1980er Jahre ist unbestritten eindrucksvoll. Diese schnelle Entwicklung birgt jedoch auch Nachteile, wie beispielsweise eine hohe Inflation.[296] Zudem ist es in China staatliche Praxis, ab einem bestimmten Preisindexniveau zwangsweise in die Volkswirtschaft einzugreifen, was bezogen auf den Immobilienmarkt den frühzeitigen Abbruch vieler Bauprojekte bedingt. Dem daraus resultierenden starken Schwanken des Entwicklungstempos und der Ressourcenverschwendung wird die Regierung künftig mit einer kontrollierten Geldpolitik entgegen wirken. Die Prognosen gehen nahezu übereinstimmend davon aus, dass sich das Wirtschaftswachstum in der VR China in den kommenden Jahren verlangsamen wird. Gleichzeitig wird das durchschnittliche Bruttoinlandsprodukt pro Kopf ansteigen, was eine Erhöhung der realen Kaufkraft der Privathaushalte ermöglicht. Für den finanzwirtschaftlichen Aspekt des Wohnimmobilienmarktes muss ein konsumorientiertes Hypothekenvergabesystem in den Mittelpunkt gestellt werden.[297]

Das System der öffentlichen Wohnungsfonds wird derzeit vervollkommnet. Desgleichen wird der Aufbau funktionierender Finanzdienste einschließlich

---

[296] Dieses Problem scheint China seit der Ankopplung des RMB an den US $ im Jahr 1994 schrittweise lösen zu können. Siehe auch PUTZKE 1999, komplette Abhandlung. (Anm. d. Verf.)
[297] Die Schwerpunkte liegen hierbei vordergründig auf der Lösung der gegenwärtig bestehenden Probleme der zu hohen Kreditzinsen und der zu kurzen Fristen. Vgl. YAO (Fn. 31), S. 359

des Angebots von Darlehen und Versicherungen forciert. Davon ausgehend ist für den chinesischen Immobilienmarkt mit kräftigen Impulsen zu rechnen.[298]

Die staatlichen Entwicklungsziele für den Immobilienmarkt bis 2010 betreffen primär den Wohnungsmarkt. Sie umfassen zunächst die angestrebte Verbesserung der Abstimmung der beiden Systeme von Sozialwohnungen und kommerzialisierten Wohnungen, um das Wohnungsproblem zu lösen.[299] Langfristig wird sich das neue Wohnungssystem der kommerzialisierten Wohnungen, dass durch Sozialwohnungen für einkommensschwache Bevölkerungsschichten ergänzt wird, etablieren. Binnen fünfzig Jahren soll sich der Wohnstandard auf das Niveau der entwickelten Industrienationen während der 1980er und 1990er Jahre erhöhen.

Die begonnenen Reformen auf dem Immobilienmarkt sollen in Zukunft weiter verstärkt werden, wobei ein markwirtschaftliches Denken aller beteiligten Akteure notwendig ist. Auf den Wohnungsmarkt bezogen wird das vermehrte Angebot zu einem marktorientierten Verteilungssystem führen, bei dem sich Kauf, Verkauf, Pacht, Vermietung und Beleihung von privaten Immobilien auf lange Sicht durchsetzen werden. Der Preis als Indikator der jeweiligen ökonomischen Situation wird zunehmend eine Rolle spielen und künftig eine marktsteuernde Funktion übernehmen. Der künftige chinesische Immobilienmarkt wird durch eine erhöhte Zahl von Wirtschaftssubjekten gekennzeichnet sein, die als Anbieter und Nachfrager am Markt versuchen, ihre jeweiligen Bedürfnisse vor dem Hintergrund einer Gewinnoptimierung zu befriedigen. Da sich der Marktmechanismus zunehmend durchsetzen wird, werden die Marktsubjekte künftig zu ökonomischem Handeln motiviert sein.

Das Gesamtangebot an verfügbaren Grundstücken wird besser kontrolliert werden müssen. Es sollten darüber hinaus wirksame Mechanismen zur Verhinderung von Spekulationen und amtlichem Missbrauch entwickelt werden.[300] Zugleich ist es unabdingbar, die teilweise in der Praxis unbrauchbaren und widersprüchlichen Immobiliensteuern und Gebührenordnungen zu erneuern und weitgehend zu standardisieren.

---

[298] Vgl. WORLD BANK 2002; WHARTON 2002; DEUTSCHE BANK RESEARCH 2002; FAZ INSTITUT Länderanalyse 2002; FES Analyse 2001; BFAI 2001, jeweils komplette Abhandlung. Eine genaue Analyse der chinesischen Volkswirtschaft ist nicht Gegenstand dieser Arbeit. (Anm. d. Verf.)

[299] Zu diesem Zweck ist der Bau von jährlich 3,35 Mrd. qm neue Wohnfläche bei einer Baufläche von 335 Mio. qm vorgesehen. Die durchschnittliche Wohnfläche pro Kopf soll sukzessiv auf 18 qm steigen. Vgl. YAO (Fn. 31), S. 351-352

[300] Vgl. YAO (Fn. 31), S. 354-356

In der Zukunft wird sich der Prozess des Umdenkens und der Abkehr vom Wohlfahrtsdenken fortsetzen.[301] Moderne Managementmethoden werden langfristig zu einer Zunahme der volkswirtschaftlichen Effizienz des gesamten Immobilienmarktes führen.

5 Zusammenfassung und Schlussbemerkung

Die wesentliche Zielsetzung dieser Arbeit lag in der Klärung der Frage, ob sich unter den in der Volksrepublik China gegebenen Bedingungen der sozialistischen Marktwirtschaft in Verbindung mit den entsprechenden Eigentumsverhältnissen ein effizienter Immobilienmarkt entwickeln konnte.

Diese Frage kann nach nur einer Dekade des Aufschwungs nicht endgültig beantwortet werden. In der Regel ist die Sensitivität des Marktpreises für die Schwankungen von Angebot und Nachfrage ein wichtiger Indikator für die Effizienz eines Marktes. Für einen effizienten Markt würde man ein Anwachsen der Eigentumspreise bis zu dem Level erwarten, an dem sich die risikoangepassten Gewinne stabilisieren. Für den chinesischen Immobilienmarkt ist es jedoch symptomatisch, dass die Preise überreagieren und permanente Nachfrageänderungen den rudimentären Charakter des heutigen Marktes reflektieren.

Auf dem chinesischen Immobilienmarkt stehen den Akteuren keine ausreichenden Informationen zur Verfügung. Weiterhin haben die hohen Steuern und die Unüberschaubarkeit der anfallenden Gebühren einen negativen Einfluss auf die Effizienz des Marktes.

Der chinesische Immobilienmarkt ist aufgrund der dürftigen statistischen Erfassung sehr schwer zu bemessen und noch schwerer zu bewerten. Auch nach den umfangreichen Reformmaßnahmen unterliegt der Markt noch immer sozialistischen Rahmenbedingungen und ist in eine sozialistische Planwirtschaft eingebunden. Auch wenn durch die Landreform viele Probleme gelöst werden konnten, befindet sich der chinesische Immobilienmarkt noch immer in einem Anfangsstadium.

Die chinesische Regierung wird vermutlich auch künftig am Instrument der Landnutzungsrechte festhalten, da es sich bereits etabliert hat. Mit dem Instrument der erwerbbaren Nutzungsrechte ist auch ohne die Existenz privaten

[301] In Bezug auf den Wohnimmobilienmarkt ist der Staat verpflichtet, ein Existenzminimum seiner Bürger zu gewährleisten. Somit kann dieser Teilmarkt nicht vollständig der Marktsteuerung überlassen werden. Vgl. PLESSE 1999, S. 20-22

Grundeigentums die Voraussetzungen für eine ökonomische Verwertung des Landes geschaffen worden.

Während sich der kommerzielle Immobilienmarkt durch die in vorangegangenen Kapiteln dargelegten charakteristischen Merkmale vom staatlich regulierten Wohnungsvergabesystem unterscheidet, vereint er als Sektor im Umbruch zugleich staatliche Eigenschaften wie Regulierung und Subventionierung mit Wesenszügen der Privatwirtschaft. Langfristig wird sich der Mechanismus des gesamten chinesischen Immobilienmarktes wahrscheinlich verstärkt den übrigen kapitalistischen Marktsystemen annähern, wenn auch damit zu rechnen ist, dass viele chinesische Besonderheiten erhalten bleiben werden.

Dringende Notwendigkeit, um der unbeständigen Lage auf dem Immobiliemarkt zu begegnen, sind mehr Professionalität in der Immobilienmarktforschung und die Beschäftigung erfahrener Immobilienmanager in der Praxis. Zur Entwicklung eines gesunden Immobilienmarktes sind die Vermittlung von fundiertem Wissen und professioneller Erfahrung bezüglich Städteplanung, Bauüberwachung, Genehmigungsverfahren und Immobilienbewertung unentbehrlich. Weitere institutionelle Änderungen, wie beispielsweise eine Verbesserung der Transparenz behördlicher Praktiken, eine nachdrücklichere Regulierung und Überwachung des Finanzsektors und die Forcierung des Wettbewerbs auf allen Ebenen sind notwendig. Ebenso müssen mehr Möglichkeiten für die Entfaltung des privaten Sektors geschaffen und der vorbehaltlose, unzensierte Informationsfluss marktrelevanter Daten unterstützt werden.

Es bleibt anzumerken, dass die Gewährleistung für die Realisierung der Entwicklungsziele für den städtischen Immobilienmarkt der VR China nur in der Herausbildung eines kompletten Immobilienmarktsystems liegen kann. Dieses System muss die Komponenten Bodenmarkt, Immobilienentwicklungsmarkt, Immobilienfinanzierungsmarkt, Immobilienabsatzmarkt und Immobiliendienstleistungsmarkt als Subsysteme beinhalten und deren ökonomische Funktionsweise ermöglichen.

Das ungebrochene Interesse der ausländischen Investoren am chinesischen Markt resultiert nach Ansicht der Verfasserin vornehmlich aus der Tatsache, dass die VR China mit gegenwärtig 1,3 Mrd. Menschen den größten Binnenmarkt der Welt repräsentiert. Damit sind Hoffnungen auf immense Gewinne verbunden, ein Traum, der gegenüber ausländischen Kapitalgebern von der chinesischen Regierung und ihren unterstellten Behörden mit allen erdenklichen Mitteln genährt wird. Vor diesem Hintergrund gerät leicht die Tatsache in Ver-

gessenheit, dass China ein Land mit immensen regionalen und sozialen Strukturunterschieden ist, dessen politische Stabilität und Rechtsanschauung unterschiedlich bewertet werden können.

Abschließend muss erneut darauf hingewiesen werden, dass die rechtliche Situation in China trotz bestehender Aufklärungsbemühungen der Regierungsbehörden gegenüber ausländischen Investoren nach wie vor sehr vielschichtig und verwirrend ist. Regelungen der verschiedenen Lokalregierungen und des zentralstaatlichen Grundverwaltungsbüros besitzen parallel Gültigkeit. Eine detaillierte Kenntnis der jeweiligen lokalen Gegebenheiten ist vor einer geplanten Investition im Bereich des chinesischen Immobilienmarktes daher unabdingbar.

Nach Gewichtung aller in dieser Arbeit betrachteten rechtlichen, volkswirtschaftlichen, politischen und immobilienwirtschaftlichen Einflüsse kann der heutige chinesische Immobilienmarkt noch nicht als ein effizienter Markt bezeichnet werden. Der gesamte Markt ist hinsichtlich der vorhandenen Institutionen noch immer nicht optimiert und alle Anzeichen sprechen dafür, dass der Immobiliensektor auch in den kommenden Jahren seine Unbeständigkeit und Explosivität beibehalten wird.

Anhang I

A Abbildungen

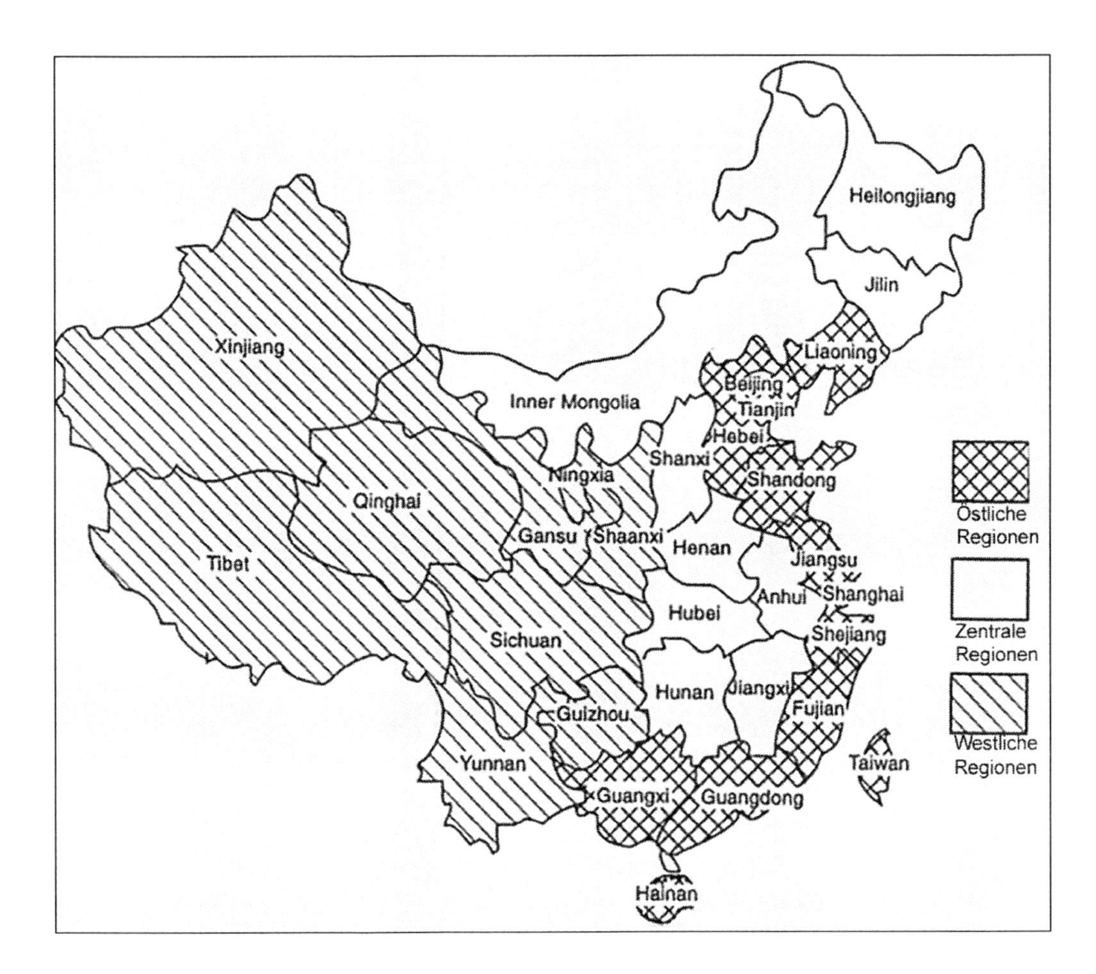

A. I Die Provinzen und Wirtschaftszonen der Volksrepublik China

Quelle: Nach *Atlas of Industrial Distribution in China*, 1997

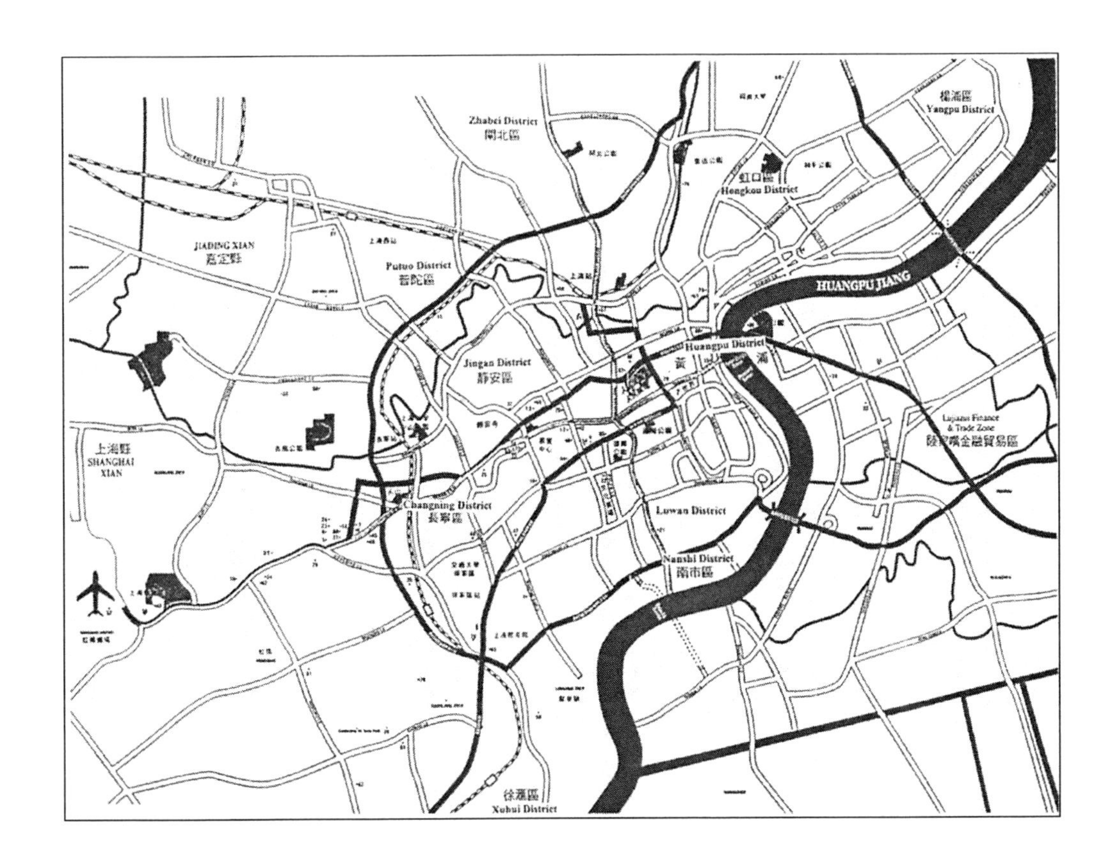

A. II Stadtschema von Shanghai

Quelle: *HIN 1996*, S. 48

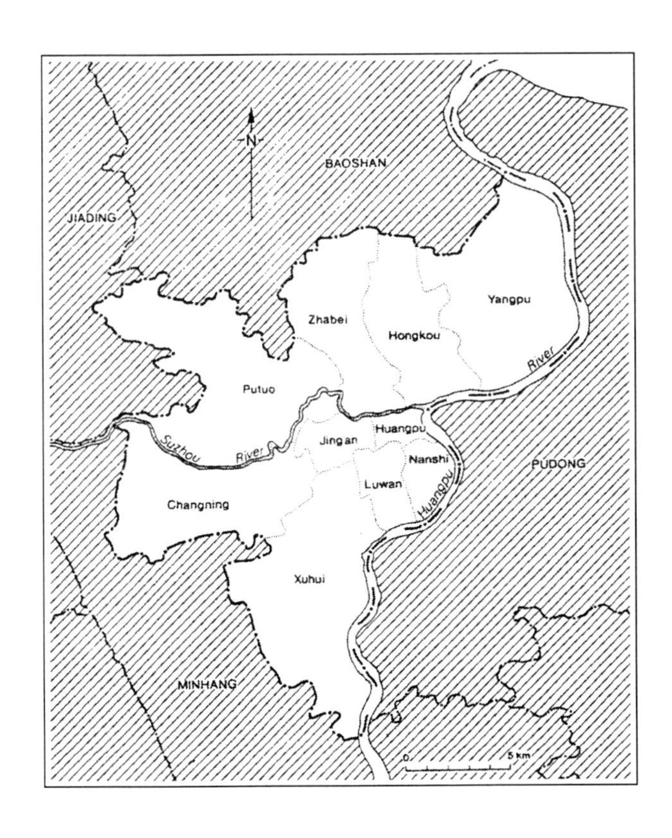

A. III Die zehn zentralen Distrikte Shanghais

(Im Jahr 2000 erfolgte die Zusammenlegung der Distrikte Huangpu und Nanshi zum neuen Distrikt Huangpu)

Quelle: *WU 2002*, S. 1219

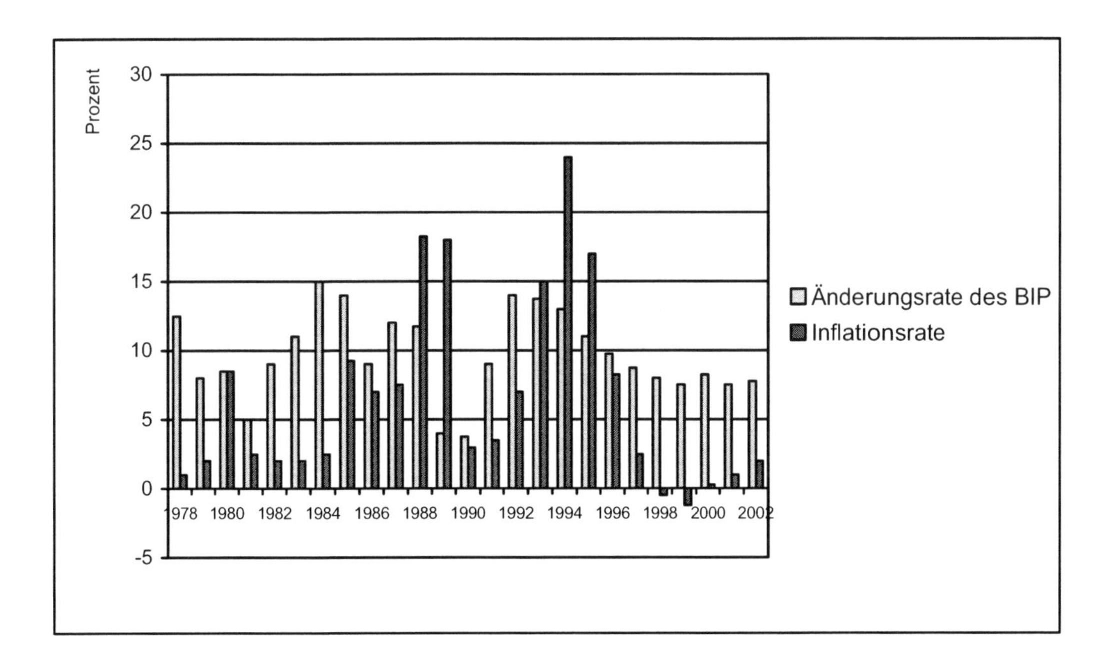

A. IV Wachstumsrate und Inflation in der VR China

Quellen: Eigene Grafik nach Daten aus *IWF, World Economic Outlook, 3/ 2001* und *ASIAN DEVELOPMENT BANK, Asian Development Outlook 2002: People´s Republic of China*, Internetpublikation

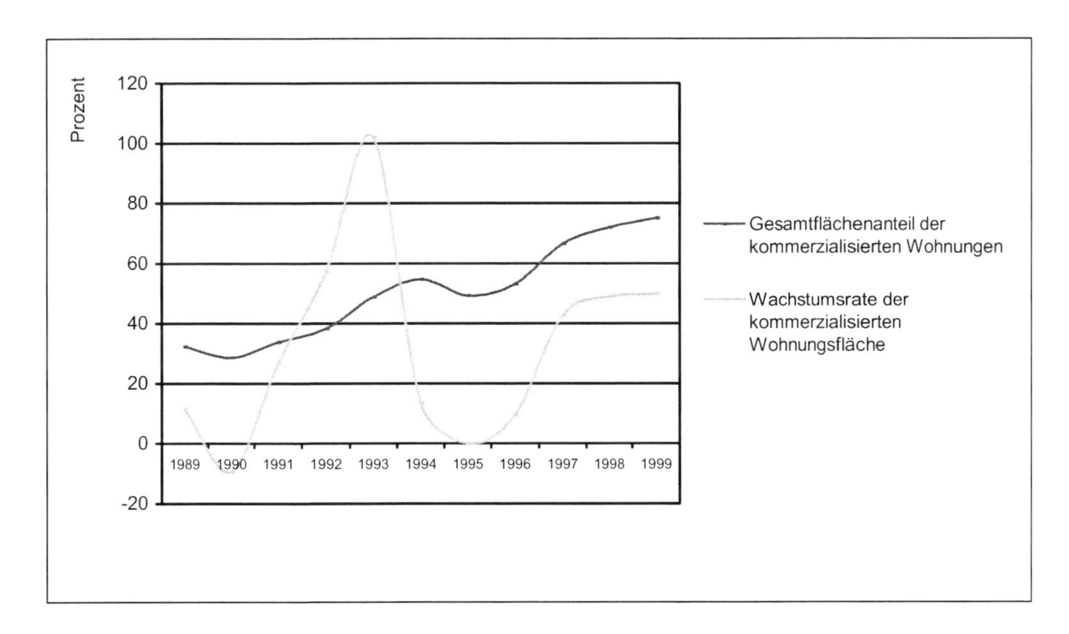

A. V Wachstum und Anteil der kommerzialisierten Wohnimmobilien in der VR China während der Phase des Marktwachstums

Quelle: Eigene Grafik nach Daten aus *CHINA STATISTICAL YEAR BOOK 1997*, CD ROM Publikation, und *CHINA STATISTICAL YEAR BOOK 1999*, CD ROM Publikation

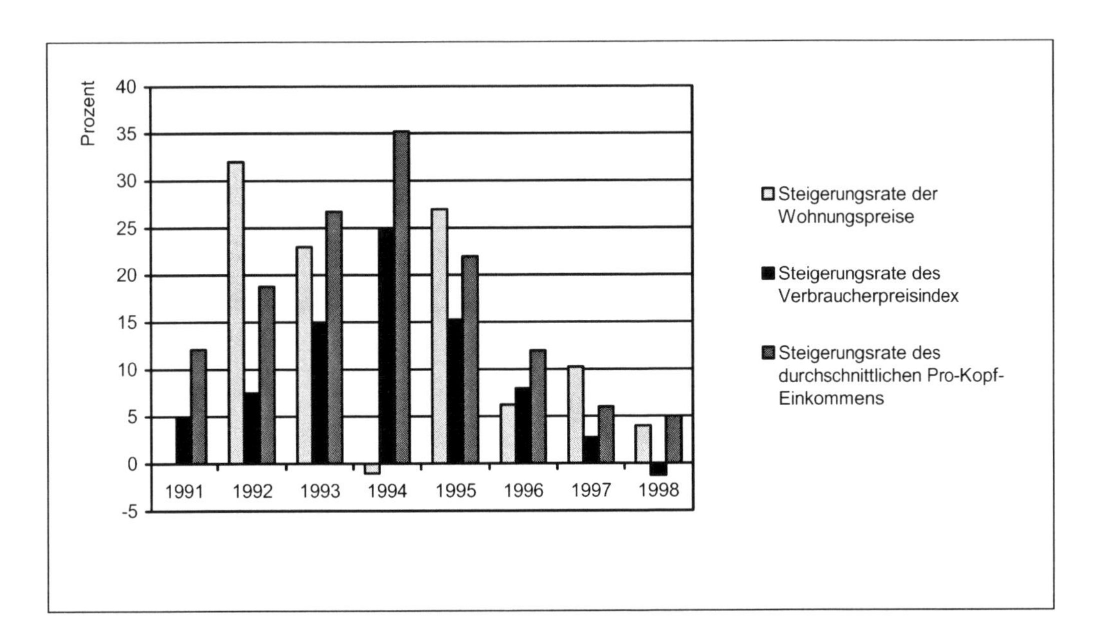

A. VI Steigerungsraten der Wohnungspreise, des Verbraucherpreisindexes und des durchschnittlichen Pro-Kopf-Einkommens im städtischen China

Quellen: Eigene Grafik nach Daten aus *CHINA STATISTICAL YEAR BOOK 1999*, CD ROM Publikation, und *CHINA STATISTICAL YEAR BOOK 2001*, CD ROM Publikation (Anm. d. Verf.: Der Wert für die Steigerungsrate der Wohnungspreise wurde für das Jahr 1991 statistisch nicht erfasst.)

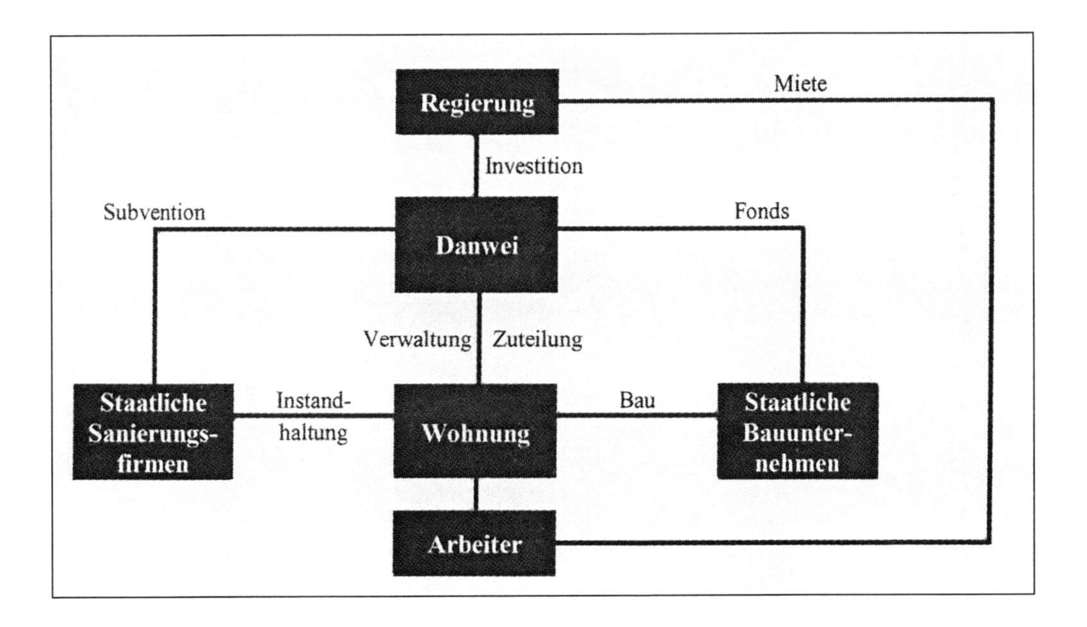

A. VII Das Öffentliche Wohnungszuteilungssystem der VR China

Quellen: Nach *THEISEN 2001*, Onlinepublikation

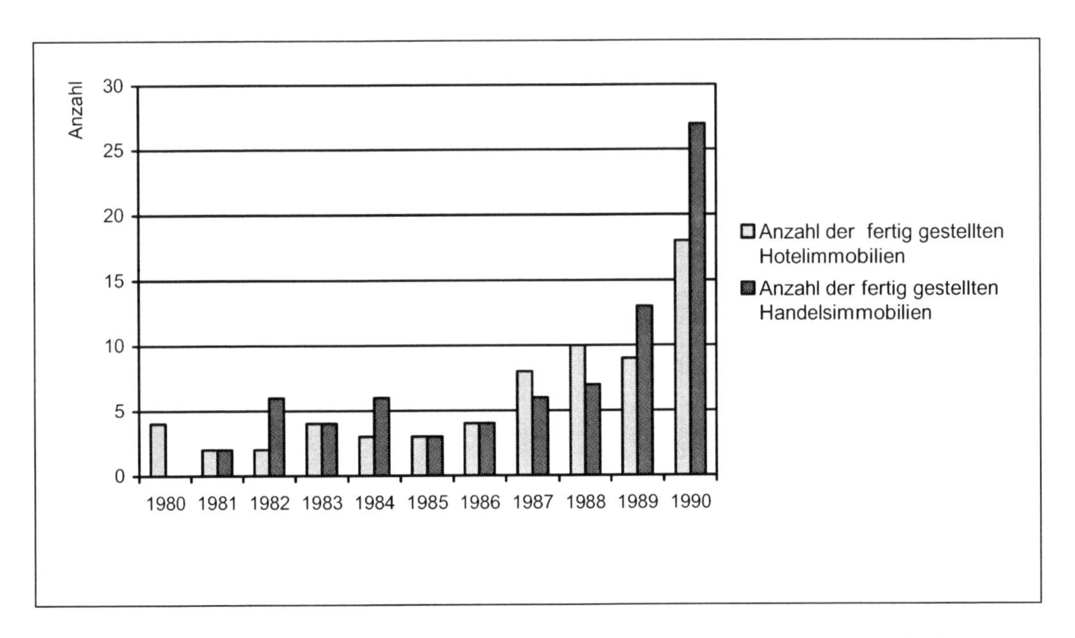

A. VIII Die veränderte Silhouette Shanghais - Anzahl der neu errichteten Hochhäuser in der Phase der Marktbelebung

Quelle: Eigene Grafik nach Daten aus *GAUBATZ 1999*, S. 1510

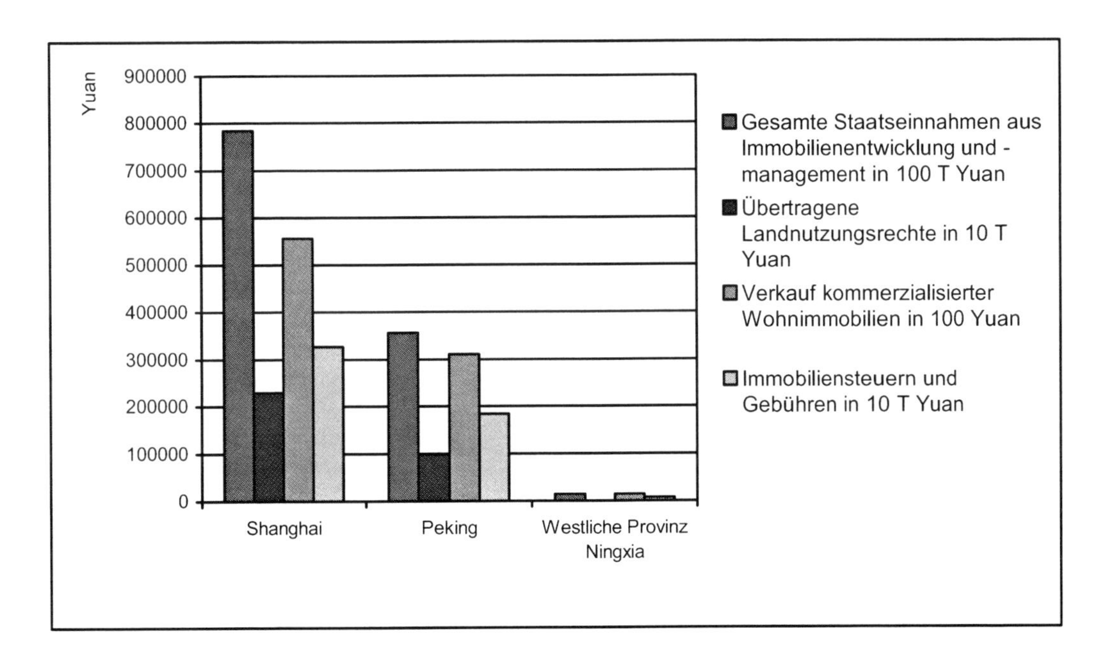

A. IX Staatseinnahmen aus Wohnimmobilien im Jahr 2001 für Shanghai und Peking im Vergleich zu den westlichen Provinzen

Quelle: Eigene Grafik nach Daten aus *CHINA STATISTICAL YEAR BOOK 2001*, CD ROM Publikation

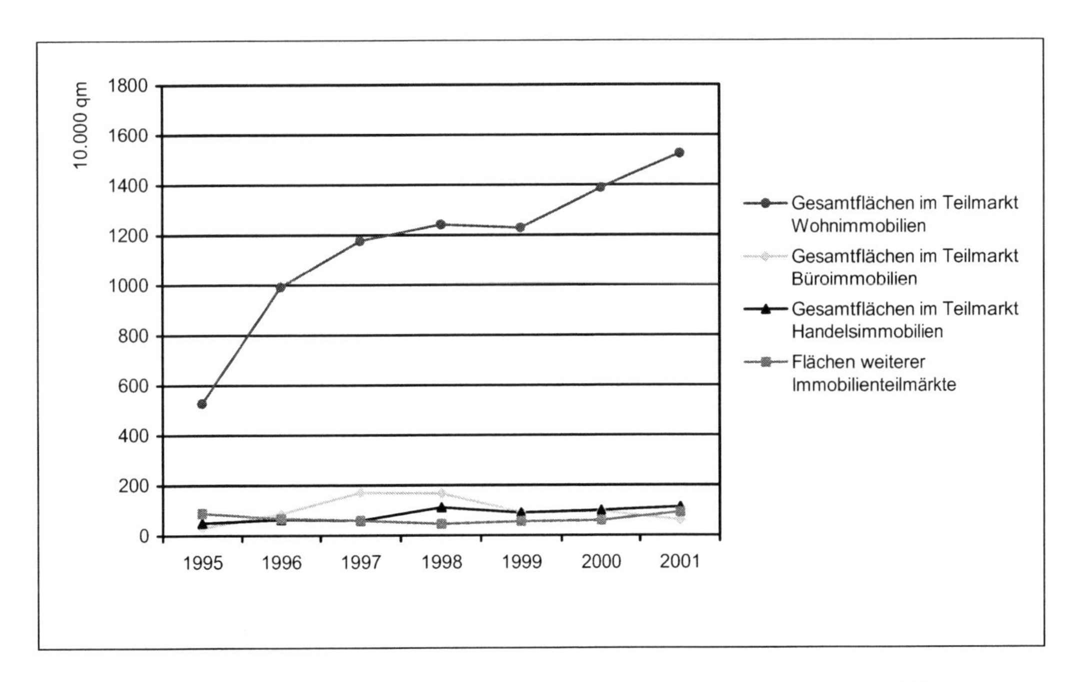

A. X Die Entwicklung der jährlich in Shanghai fertig gestellten Immobilien unter besonderer Berücksichtigung des Teilmarktes für kommerzialisierte Wohnimmobilien

Quelle: Eigene Grafik nach Daten aus *SHANGHAI REAL ESTATE MARKET 2002*, S. 50

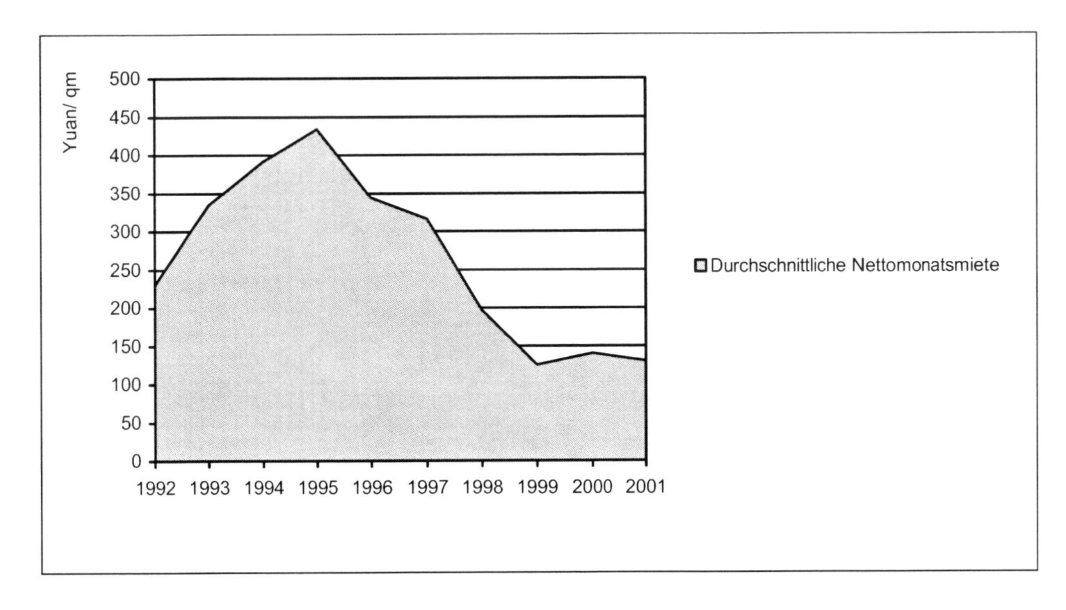

A. XI Entwicklung der durchschnittlichen Monatsmieten für Büroimmobilien höheren Standards in Shanghai

Quelle: Eigene Grafik nach Daten aus *SHANGHAI REAL ESTATE MARKET 2002*, S. 81

B Tabellen

Jahr	1. Volkszählung 1953	2. Volkszählung 1964	3. Volkszählung 1982	4. Volkszählung 1990	5. Volkszählung 2000
Anteil der Stadtbevölkerung an der Gesamtbevölkerung	13,26%	14,1%	20,1%	26,23%	36,22%

B. I Der Urbanisierungsprozess in der VR China zwischen 1953 und heute

Quelle: Nach Daten aus *CHINA STATISTICAL YEAR BOOK 2001*, CD ROM Publikation

Jahr	Pro-Kopf-Wohnfläche (qm)	Neubaukosten (Yuan/ qm)	Wirtschaftliche Miete (Yuan/ qm/ Monat)	Durchschnittlich erhobene Miete (Yuan/ qm/ Monat)	Subvention des staatlichen Wohnungssystems (Yuan/ qm/ Monat)	Subvention des gesamten Wohnimmobiliensektors (Mrd. Yuan)	Subvention des Wohnimmobilienbestands seit 1979 als Prozentsatz der Gesamtinvestition (%)
1979	3,7	100	1,25	0,13	1,12	6,90	9,50
1980	3,9	113	1,41	0,13	1,41	9,46	21,03
1981	4,1	128	1,60	0,13	1,56	11,62	30,83
1982	4,4	135	1,69	0,13	1,73	14,72	39,47
1983	4,6	151	1,89	0,13	1,92	17,67	47,63
1984	4,9	160	2,00	0,13	2,12	22,47	50,56
1985	5,2	177	2,21	0,13	2,35	27,55	55,18
1986	6,0	196	2,45	0,13	2,59	36,93	53,16
1987	6,1	213	2,66	0,13	2,87	43,55	56,34
1988	6,6	241	3,01	0,13	3,17	51,45	58,65
1989	6,6	290	3,63	0,13	3,50	61,33	58,57
1990	6,7	316	3,95	0,13	3,86	70,23	61,75
1991	6,9	343	4,29	0,13	4,26	80,74	64,82

B. II Die chinesische Subventionspolitik des Wohnimmobilienmarktes in der Phase der Marktbelebung

Quelle: Eigene Darstellung Daten aus *WU 1996*, S. 1617

	1991	1992	1993	1994
Gesamtinvestition im Wohnimmobiliensektor (in Mio. Yuan)	52.323,0	75.077,0	162.889,0	230.852,0
Prozentsatz von der gesamten volkswirtschaftlichen Investitionstätigkeit	9,4 %	9,6 %	13,8 %	14,4 %
Fertig gestellte Bruttogrundfläche (in qm)	142.300.000	177.900.000	212.700.000	240.000.000
Durchschnittliche Baukosten pro qm (in Yuan)	367,8	422,0	765,8	961,9
Kommerzialisierte Wohngebäude				
Investment (in Mio. Yuan)	14.220,0	22.456,0	89.030,0	128.929,0
Prozentsatz von der Gesamtinvestition	27,2%	29,9%	54,7%	55,8%
Fertiggestellte Bruttogrundfläche (in qm)	36.400.000	49.800.000	80.300.000	89.600.000
Prozentsatz der totalen fertig gestellten Fläche	25,6%	28,0%	37,3%	37,3%
Durchschnittliche Baukosten pro qm (in Yuan)	390,7	450,9	1.108,7	1.438,9
Staatliche und danwei-Wohnungen				
Investment (in Mio. Yuan)	38.103,0	52.621,0	73.859,0	101.923,0
Prozentsatz von der Gesamtinvestition	72,8%	70,1%	45,3%	44,2%
Fertiggestellte Bruttogrundfläche (in qm)	116.700.000	128.100.000	132.400.000	150.400.000
Prozentsatz der totalen fertig gestellten Fläche	74,4%	72,0%	62,2%	62,7%
Durchschnittliche Baukosten pro qm (in Yuan)	326,5	410,8	557,8	677,8

B. III Investitionen in Wohnimmobilien und Anzahl der fertig gestellten Neubauten in der ersten Hälfte der Phase des Marktwachstums

Quelle: Eigene Darstellung nach Daten aus *WANG/ MURIE 1999*, S. 1480

Jahr	Jährliche Gesamtinvestitionen (in Yuan)	Gesamte Baustellenbereiche (in qm)	Fertig gestellte Flächen: Gesamtfläche (in qm)	Fertig gestellte Flächen: davon Wohnbebauung (in qm)
1992	1.255.000.000	4.322.700	1.167.300	1.122.500
1993	8.370.000.000	15.210.000	3.200.000	3.073.000
1994	11.743.000.000	13.058.200	3.412.100	3.198.700
1995	28.645.000.000	50.748.000	7.003.900	5.297.700
1996	45.479.000.000	60.054.600	12.078.600	9.923.000
1997	51.578.000.000	53.417.900	14.649.600	11.761.400
1998	44.047.000.000	54.161.000	15.653.400	12.420.000
1999	40.144.000.000	50.831.800	14.686.200	12.292.300
2000	56.617.000.000	55.232.300	16.436.200	13.880.100

B. IV Investitionstätigkeit im Immobilienteilmarkt Shanghai in der Phase des Marktwachstums

Quelle: Eigene Darstellung nach Daten aus *SHANGHAI REAL ESTATE MARKET 2002,* S. 49; *ZEPPELIN REAL ESTATE ANALYSIS LIMITED*, *2002 und 2003*, Internetpublikation

	Jährliche Gesamtinvestitionen (in Yuan)	Gesamte Baustellenbereiche (in qm)	Fertig gestellte Flächen: Gesamtfläche (in qm)	Fertig gestellte Flächen: davon Wohnbebauung (in qm)
2001	63.073.000.000	59.861.800	17.913.600	15.242.100

B. V Aktuelle Investitionstätigkeit im Immobilienteilmarkt Shanghai

Quelle: Eigene Darstellung nach Daten aus *SHANGHAI REAL ESTATE MARKET 2002,* S. 49; *ZEPPELIN REAL ESTATE ANALYSIS LIMITED*, *2002 und 2003*, Internetpublikation

Name des Objektes	Inbetriebnahme	Investitionstyp	Grundstücksgröße (in qm)	Höhe (in m)	Anzahl der Etagen	Bruttogrundfläche (in qm)	Fläche Büronutzung (in qm)	Fläche Einzelhandel (in qm)	Fläche Gastronomie (in qm)
Central Plaza	3/ 98	Ausländische Direktinvestition	6.039	94	23	40.228	38.042	1.854	3.466
Financial Square	7/ 99	Hong Kong, Macao, Taiwan Investment	3.297	99	28	42.603	42.603	-	-
China Insurance Building	10/ 99	Hong Kong, Macao, Taiwan Investment	7.263	196	38	72.824	57.898	-	1.026
Ocean Pacific Enterprise Center	10/ 99	Hong Kong, Macao, Taiwan Investment	3.343	93	26	27.589	17.779	-	-
Int. Hangyun Financial Building	10/ 99	Joint Venture	12.010	235	50	120.100	66.000	-	Obere Etagen: Hotelnutzung
Bank of China Tower	8/ 00	Hong Kong, Macao, Taiwan Investment	9.918	226	53	124.368	81.923	593	6.644
Shanghai Times Square	1/ 01	Hong Kong, Macao, Taiwan Investment	13.815	123	30	130.806	112.332	41.566	2.857
Hongqiao Shanghai City	6/ 01	Ausländische Direktinvestition	17.664	110	31	173.044	89.018	84.025	200

B. VI Überblick über ausgewählte Bürogebäude in Shanghai

Quelle: Eigene Darstellung nach Daten aus *SHANGHAI REAL ESTATE MARKET 2002*, S. 76-79

Anhang II - Rechtlicher Anhang

A Chronologie des chinesischen Immobilienmarktes

Dezember 1988	**„Bodenverwaltungsgesetz der Volksrepublik China“** Grundlegender gesetzlicher Handlungsrahmen für Initiierung der Reform der Landnutzungsrechte Chinas. Das Hauptziel besteht in der Rationalisierung der Landnutzung und einer Stärkung der Landverwaltung. Weiterhin betont das Gesetz die Besitzansprüche des Staates auf städtisches Land und der Kollektive auf Grundstücke in ländlichen Gebieten. Privateigentum an Grund und Boden ist ausgeschlossen.
Dezember 1989	**„Städtebauliches Planungsgesetz der VR China“** Wesentliche gesetzliche Regelungen zur Gestaltung der kommunalen Bodennutzungsplanung. Zweistufiger Ablauf: gesamtstädtischer Flächennutzungsplan und projektbezogener Erschließungsplan, die aus der öffentlichen Ausschreibung resultieren. Für Großstädte ab 500.000 Einwohner existiert zudem eine zwischengeschaltete Stadtbezirksplanung. Weiterhin sind in diesem Gesetz Vorgaben bezüglich Neubaulanderschließung und Stadtteilsanierung sowie Ausführungsvorschriften, Prüfungs- und Genehmigungsrichtlinien enthalten.
Februar 1991	**„Regelungen zur Implementierung des Landverwaltungsgesetzes der Volksrepublik China“** Sammlung detaillierter Gesetze zur Einführung eines Registrierungssystems der Eigentumsrechte in China.[1]

[1] Genauer Wortlaut siehe Abschnitt B in diesem Anhang. (Anm. d. Verf.)

Es wird festgelegt, dass ländlicher Grund und Boden von den staatlichen Behörden registriert werden muss und anschließend dem Kollektiv eine Besitzurkunde auszustellen ist. Gleiches gilt für städtische Grundstücke, wo staatliche Landnutzungszertifikate zu erteilen sind. Artikel 6 verfügt, dass alle Transaktionen mit Landnutzungsrechten einer Genehmigung durch die zuständigen Landverwaltungsbehörden bedürfen.

„Whoever intends to change according to law the landownership and the right to the use of land, (...) as a result of purchasing, selling and transferring buildings and attachments on the land must apply to the land administration department..."[2]

Mai 1991

„Vorläufige Regeln für die Überlassung und Übertragung des Nutzungsrechts an staatseigenem Land"

Beginn einer Gesetzgebung zur Strukturierung und Legalisierung der Transaktionsprozesse von Landnutzungsrechten in der „Sozialistischen Marktwirtschaft".

Dies ist eine der bedeutendsten Maßnahmen der Reform der Bodennutzungsrechte, da die Mehrzahl der regionalen Behörden ihre Überlassungs- und Übertragungsbestimmungen hiernach ausrichten und somit weitreichende Auswirkungen auf den nationalen Immobilienmarkt gegeben sind.

Januar 1995

„Gesetz zur Verwaltung städtischer Immobilien"

Bedeutendstes Gesetzeswerk der Landnutzungsrechtsreform.[3]

Mit dem Inkrafttreten dieses Gesetzes wurde der bislang größte Schritt auf dem Weg einer marktorientierten Entwicklung des chinesischen Immobilienmarktes unternommen. Das Gesetz, das mit der Regelung der politischen Rahmenbedingungen beginnt, enthält wichtige Grundsätze zur Vergabe von Bodennutzungsrechten in den Städten, Regelungen zum allgemeinen Rechtsverkehr und Eintragungsvor-

[2] Artikel 6, Übersetzung aus dem Chinesischen von HIN 1996, S. 59

[3] Auszug des genauen Wortlautes siehe Abschnitt B dieses Anhangs (Anm. d. Verf.)

schriften für die lokalen Bodenverwaltungsämter. Der vierte Teil dieses Gesetzes birgt eine Informationssammlung hinsichtlich der Gebühren, die im Zuge einer Übertragung von Bodennutzungsrechten anfallen. Weiterhin erfahren erstmals auch die Geschäftspraktiken und erforderlichen Qualifikationsstandards der beteiligten Marktteilnehmer, insbesondere der Immobilienentwicklungsunternehmen und Immobilienagenturen, eine gesetzliche Regelung.

März 1998 **„Baugesetz der Volksrepublik China"**

Wesentliche Vorschriften des Bauordnungsrechts.

Das Baugesetz beinhaltet Vorgaben zu baupolizeilichen Genehmigungsverfahren, Bauvergabe- und Vertragsrecht, Rechte und Pflichten von Bauherren, bauaufsichtliche Sicherheitsvorschriften und Grundlagen der Qualitätssicherung am Bau. Obwohl die Verfügungskompetenz dieser Regelungen im Bereich des Ministeriums für Bauwesen der Zentralregierung in Peking liegt, wurden sie durch zahlreiche lokale Vorschriften erweitert. Dadurch soll eine Anpassung der zentralen Vorschriften an besondere, regionale Anforderungen sicher gestellt werden.[4]

März 2003 **„Mitteilung der Immobilienverwaltungsbehörde der Stadt Shanghai"** (Regionale Gesetzgebung)

Sofortige Aufhebung der im restlichen Land weiter bestehenden Restriktionen für Ausländer beim Kauf und der Miete von Immobilienobjekten zu Geschäftszwecken im gesamten Gebiet der Sonderzone Shanghai.[5]

---

[4] Vgl. THÜMMEL 1995, S. 62-66; HIN 1996, S. 58-61; WEISS 2000, S. 248-250

[5] Ausgenommen sind Immobilien, die besonderen staatlichen oder städtischen Vorschriften unterliegen. Hinsichtlich der privaten Nutzung von Wohnimmobilien waren die Beschränkungen für Ausländer bereits im Juli 2001 aufgehoben worden, wodurch es zu einem rapiden Anstieg des Immobilienerwerbs durch Ausländer kam. Im Jahr 2002 wurden im Büro- und Wohnimmobilienmarkt Kaufverträge über eine Gesamtfläche von ca. 1 Mio. qm von ausländischen Investoren geschlossen. Vgl. CHINA INTERNET INFORMATION CENTER (CIIC), 2003, Internetpublikation; GANG/ CHAO 1998, Internetpublikation

B Gesetzgebung während der Landnutzungsrechtsreform

I Grundsatzentscheidungen der chinesischen Verfassung - Änderung der Wirtschaftsverfassung

(vom 4.12.1982 in der Form vom 29.3.1993)
Deutsche Übersetzung: HEUSER 1997

1. Kapitel: Allgemeine Grundsätze

Art. 1 (*Staatsform)* Die Volksrepublik China ist ein sozialistischer Staat unter der demokratischen Diktatur des Volkes, der von der Arbeiterklasse geführt wird und auf dem Bündnis der Arbeiter und Bauern beruht.

Das sozialistische System ist das grundlegende System der Volksrepublik China. Die Beschädigung des sozialistischen Systems ist jeder Organisation oder jeder Einzelperson verboten.

Art. 2 (*Volkskongresssystem)* Alle Macht in der Volksrepublik China gehört dem Volk.

Die Organe, durch die das Volk die Staatsmacht ausübt, sind der Nationale Volkskongress und die lokalen Volkskongresse auf verschiedenen Ebenen.

Das Volk verwaltet entsprechend den gesetzlichen Bestimmungen die Staatsangelegenheiten, die wirtschaftlichen, kulturellen und sozialen Angelegenheiten durch verschiedene Kanäle und in verschiedenen Formen.

Art. 3 (*Organisationsprinzip)* Die Staatsorgane der Volksrepublik China wenden das Prinzip des demokratischen Zentralismus an.

Der Nationale Volkskongress und die lokalen Volkskongresse der verschiedenen Ebenen werden durch demokratische Wahlen gebildet, sind dem Volk verantwortlich und stehen unter seiner Aufsicht.

(...)

Art. 6 (*Sozialistisches Eigentum)* Die Grundlage des sozialistischen Wirtschaftssystems der Volksrepublik China ist das sozialistische Gemeineigentum an Produktionsmitteln, das heißt das Volkseigentum und das Kollektiveigentum der werktätigen Massen.

Durch das sozialistische Gemeineigentum wurde das System der Ausbeutung des Menschen durch den Menschen abgeschafft, und es wird das Prinzip „Jeder nach seiner Fähigkeit, jedem nach seiner Leistung" praktiziert.

Art. 7 (*Staatseigene Wirtschaft)* Die staatseigene Wirtschaft, d.h. die sozialistische Wirtschaft im Eigentum des ganzen Volkes, ist die dominierende Kraft in der Volkswirtschaft. Der Staat gewährleistet die Konsolidierung und Entwicklung der staatseigenen Wirtschaft.

Art. 8 (*Kollektiveigene Wirtschaft)* Das auf dem Land hauptsächlich bestehende Verantwortlichkeitssystem vertraglich übernommener verbundener Produktion auf Haushaltsbasis und andere Formen der genossenschaftlichen Wirtschaft in Produktion, Versorgung und Absatz, Kredit und Konsum u.a. ist die sozialistische Wirtschaft des Kollektiveigentums der werktätigen Massen. Die Werktätigen, die Mitglieder der Organisationen der ländlichen Kollektivwirtschaft sind, haben das Recht, im Rahmen der gesetzlichen Bestimmungen Parzellen zur privaten Nutzung auf Acker- und Bergland zu bewirtschaften, häusliche Nebenerwerbstätigkeiten zu betreiben und privaten Viehbestand zu besitzen.

Die verschiedenen Formen der genossenschaftlichen Wirtschaft in Städten und Ortschaften wie etwa im Handwerk, in der Industrie, im Bauwesen, im Transportwesen sowie im Handels- und Dienstleistungsbereich sind Formen der sozialistischen Wirtschaft des Kollektiveigentums der werktätigen Massen.

Der Staat schützt die legitimen Rechte und Interessen der Organisationen der Kollektivwirtschaft in Stadt und Land; er ermutigt, leitet und unterstützt deren Entwicklung.

(...)

Art. 10 (*Eigentum an Grund und Boden, Nutzungsrechte)* Der Boden in den Städten ist Staatseigentum.

Der Boden auf dem Land und in den Vororten der Städte ist Kollektiveigentum, mit Ausnahme der Teile, die entsprechend den gesetzlichen Bestimmungen dem Staat gehören. Grundstücke und Parzellen zur privaten Nutzung auf Acker- und Bergland sind ebenfalls Kollektiveigentum.

Der Staat kann in Übereinstimmung mit den gesetzlichen Bestimmungen Grund und Boden zur Nutzung beanspruchen, wenn dies öffentliche Interessen erfordern.

Weder Organisationen noch Einzelpersonen dürfen Grund und Boden in Besitz nehmen, kaufen oder verkaufen oder auf andere Weise gesetzwidrig anderen übertragen. Bodennutzungsrechte können gemäß den gesetzlichen Bestimmungen übertragen werden.

Alle Organisationen und Einzelpersonen, die den Boden nutzen, müssen rationell davon Gebrauch machen.

Art. 11 (*Individuelle Wirtschaft, Privatwirtschaft)* Die im Rahmen der gesetzlichen Bestimmungen betriebene individuelle Wirtschaft der Werktätigen in Stadt und Land ist eine Ergänzung der sozialistischen Wirtschaft des Gemeineigentums. Der Staat schützt die legalen Rechte und Interessen der individuellen Wirtschaft.

Der Staat leitet, unterstützt und beaufsichtigt die individuelle Wirtschaft durch Verwaltungsleitung.

Der Staat gestattet der privaten Wirtschaft im Rahmen der gesetzlichen Bestimmungen zu existieren und sich zu entwickeln. Die private Wirtschaft ist eine Ergänzung der sozialistischen Wirtschaft des Gemeineigentums. Der Staat schützt die legalen Rechte und

Interessen der privaten Wirtschaft und er übt gegenüber der privaten Wirtschaft Anleitung und Aufsicht aus.

(...)

Art. 15 (*Sozialistische Marktwirtschaft*) Der Staat führt eine sozialistische Marktwirtschaft durch.

Der Staat verstärkt die Wirtschaftsgesetzgebung und verbessert die Makrosteuerung.

Der Staat verbietet durch Gesetz allen Organisationen und Einzelpersonen, die gesellschaftliche Wirtschaftsordnung zu stören.

(...)

Art. 18 (*Auslandsinvestitionen)* Die Volksrepublik China erlaubt ausländischen Unternehmen, anderen ausländischen Wirtschaftsorganisationen oder ausländischen Individuen in China zu investieren oder mit chinesischen Betrieben oder anderen chinesischen Wirtschaftsorganisationen in verschiedener Form zu kooperieren, sofern dies den gesetzlichen Bestimmungen der Volksrepublik China entspricht.

Alle ausländischen Unternehmen und andere ausländische Wirtschaftsorganisationen in China sowie Gemeinschaftsunternehmen mit chinesischen und ausländischen Investitionen in China müssen die Gesetze der Volksrepublik China einhalten. Ihre legalen Rechte und Interessen werden durch die Gesetze der Volksrepublik China geschützt.

(...)

II Durchführungsbestimmungen zum „Landverwaltungsgesetz der Volksrepublik China“

(In Kraft getreten am 1.2.1991)
Deutsche Übersetzung: LINDEN 1997

1. Kapitel: Allgemeine Regeln

§ 1 (*Gesetzesgrundlage*) Diese Bestimmungen wurden gemäß § 56 Landverwaltungsgesetz der VR China (nachfolgend „Landverwaltungsgesetz“) erlassen.

§ 2 (*Staatliches Landverwaltungsamt)* Das staatliche Landverwaltungsamt ist für die einheitliche Verwaltung des Landes des ganzen Staates zuständig.

2. Kapitel: Eigentum und Nutzungsrecht am Land

§ 3 (*Staatseigentum*) Folgendes Land fällt in Volks-, d.h. Staatseigentum:

(1) Land der Stadtbezirke der Städte;

(2) Land der Dörfer und der Außenbezirke der Städte, das nach dem Recht beschlagnahmt, enteignet, staatlich angekauft, verstaatlicht wurde (ausgenommen Land, das nach dem Recht abgegrenzt oder zum Kollektiveigentum bestimmt wurde);

(3) Vom Staat nicht zum Kollektiveigentum bestimmte Wälder, Wiesen, Gebirge, unkultiviertes Land, Watten, Flussbettäcker sowie anderes Land.

§ 4 (*Registrierung*) Eigentümer kollektiven Landes und Nutzer staatseigenen Landes müssen bei den Landverwaltungsabteilungen der Regierungen ab der Kreisebene die Registrierung beantragen.

Die Volksregierung auf Kreisebene registriert Land in kollektivem Eigentum und stellt ein entsprechendes Register her; nach Überprüfung stellt sie mit der Ausgabe einer Nachweisurkunde für Land in kollektivem Eigentum das Eigentum fest.

Die örtliche Volksregierung ab der Kreisebene registriert von Einheiten und Einzelpersonen gemäß dem Recht genutztes staatseigenes Land und stellt ein entsprechendes Register her; nach Überprüfung stellt sie mit der Ausgabe einer Nachweisurkunde für die Nutzung staatseigenen Landes das Nutzungsrecht fest.

Das Muster für die Nachweisurkunden wird vom staatlichen Landesverwaltungsamt einheitlich festgelegt.

Die Feststellung des Eigentums oder Nutzungsrechts an Waldland und Grasland und die Feststellung des Rechts, Wasserflächen und Watten zur Pflanzen- und Tierzucht zu

nutzen, wird nach den jeweiligen einschlägigen Bestimmungen des „Waldgesetzes“[6], des „Graslandgesetzes“[7] bzw. des „Fischereigesetzes“[8] durchgeführt.

§ 5 (*Registrierung für Brachland*) Die örtliche Volksregierung ab der Kreisebene registriert nicht erschlossenes, unbenutztes staatseigenes Land und stellt ein entsprechendes Register her; sie ist für den Erhalt und die Verwaltung verantwortlich.

§ 6 (*Änderungsregistrierung*) Wenn sich nach dem Recht das Eigentum oder Nutzungsrecht am Land ändert, oder wenn aufgrund rechtmäßigen Kaufs bzw. Verkaufs und Übertragung von auf dem Land errichteten Gebäuden und Zubehörs sich das Gebrauchsrecht am Land ändert, so ist bei den Landverwaltungsabteilungen der lokalen Volksregierung ab Kreisebene die Registrierung der Änderung des Eigentums oder Gebrauchsrechts am Land zu beantragen; die Landnachweisurkunde wird durch die lokale Volksregierung ab der Kreisebene ausgetauscht.

Wenn gemäß dem Recht auf dem Land errichtete Gebäude und Zubehör ge- oder verkauft und übertragen werden, ist gemäß den betreffenden staatlichen Bestimmungen das Verfahren der Registrierung der Auflassung durchzuführen.

§ 7 (*Löschung*) Gemäß § 19 Landverwaltungsgesetz betreffend die Rücknahme des Landnutzungsrechts der das Land nutzenden Einheit soll die Landverwaltungsabteilung nach Meldung an die Volksregierung ab der Kreisebene und mit deren Genehmigung den Nachweis des Landnutzungsrechts löschen und es soll von ihr das Verfahren zur Löschung der Registrierung des Landes durchgeführt werden.

§ 8 (*Streitbeilegung*) Streitigkeiten über Eigentum oder Nutzungsrechte am Land zwischen volkseigenen Einheiten, zwischen kollektiven Einheiten und zwischen volkseigenen und kollektiven Einheiten werden von der Volksregierung ab der Kreisebene am Ort geregelt.

Streitigkeiten über Nutzungsrechte am Land zwischen Einzelpersonen sowie zwischen Einzelpersonen und volkseigenen und kollektiven Einheiten werden von der Volksregierung auf Dorf- oder Kreisebene am Ort geregelt.

Wenn aufgrund von Streitigkeiten das Eigentum oder Nutzungsrecht am Land betreffend das Eigentum oder Nutzungsrecht erneut festgestellt werden muss, stellt die Volksregierung ab Kreisebene das Eigentum oder Nutzungsrecht fest und stellt eine Landnachweisurkunde aus.

3. Kapitel: Nutzung und Schutz des Landes

§ 9 (*Landkataster*) Der Staat schafft ein System für die Erfassung des Landes. Der Inhalt der Landerfassung umfasst die Zugehörigkeit des Landes, dessen gegenwärtige Nutzung und Zustand.

---

[6] Vom 20.9.1984
[7] Vom 18.6.1985
[8] Vom 20.1.1986

Die nationale Planung der Erfassung des Landes wird vom staatlichen Landverwaltungsamt in Zusammenarbeit mit den entsprechenden Abteilungen bestimmt und nach Genehmigung des Staatsrats durchgeführt.

Die lokale Planung der Erfassung des Landes wird von den Landverwaltungsabteilungen der lokalen Volksregierungen auf Kreis- und höherer Ebene in Zusammenarbeit mit den betroffenen Abteilungen bestimmt und wird nach Genehmigung der Volksregierung gleicher Ebene sowie nach Einreichung bei den nächsthöheren Landverwaltungsabteilungen der Volksregierung zur Eintragung in die Akten durchgeführt.

Die von den Landverwaltungsabteilungen der Volksregierungen ab der Kreisebene gebildeten betroffenen Abteilungen führen die Erfassung des Landes durch. Die Eigentümer und Nutzer des Landes müssen bei der Erfassung kooperieren und das erforderliche Informationsmaterial zur Verfügung stellen.

§ 10 (*Grundstücksklasse*) Die Landverwaltungsabteilungen der Volksregierungen ab der Kreisebene sollen in Zusammenarbeit mit den betroffenen Abteilungen gemäß den Resultaten der Erfassung die Grundstücksklasse bestimmen.

§ 11 (*Statistische Erfassung*) Der Staat schafft ein System für die statistische Erfassung des Landes. Die Landverwaltungsabteilungen der Volksregierungen ab der Kreisebene führen in Zusammenarbeit mit den Statistikabteilungen gemäß dem Recht die statistische Erfassung des Landes durch. Die Statistiker machen gemäß dem Recht von ihrer Amtsgewalt der statistischen Erfassung des Landes Gebrauch. Die Eigentümer und Nutzer des Landes müssen statistisches Material zur Verfügung stellen, sie dürfen keine Angaben verfälschen, verheimlichen, verweigern, verzögern oder entstellen.

§ 12 (*Landnutzungsgesamtleitplanung*) Die Gesamtleitplanung für die Landnutzung auf nationaler Ebene wird vom Staatlichen Landverwaltungsamt in Zusammenarbeit mit den betreffenden Abteilungen erstellt und nach allgemeinem Ausgleich durch die Staatliche Planungskommission und Genehmigung durch den Staatsrat ausgeführt.

Die Gesamtleitplanung für die Landnutzung der lokalen Volksregierungen ab der Kreisebene wird von den Landverwaltungsabteilungen der lokalen Volksregierungen ab der Kreisebene in Zusammenarbeit mit den betreffenden Abteilungen erstellt und nach allgemeinem Ausgleich durch die für die Planung zuständigen Organe der gleichen Ebene, nach Prüfung und Einverständnis der Volksregierung gleicher Ebene, sowie mit Genehmigung der Volksregierung der nächsthöheren Stufe ausgeführt. (...)

§ 13 (*Brachlanderschließung*) Die Erschließung von brachliegendem Bergland, Ödland und Watten in Staatseigentum muss bei den lokalen Landverwaltungsabteilungen am Ort beantragt werden; sie wird durch die lokalen Volksregierungen ab der Kreisebene gemäß den von Provinz, autonomer Region oder zentralunmittelbarer Stadt festgelegten Bestimmungen über Genehmigungszuständigkeiten genehmigt; wenn Gesetze und Verordnungen andere Bestimmungen enthalten, wird gemäß den betreffenden Gesetzen und Verordnungen vor-

gegangen. Bei einmaliger Erschließung von 10.000 bis 20.000 Mu[9] Land bedarf es der Genehmigung durch das Staatliche Landverwaltungsamt; bei einmaliger Erschließung von mehr als 20.000 Mu Land bedarf es der Genehmigung durch den Staatsrat.

(...)

4. Kapitel: Verwendung von Land für staatliche Bauten

§ 17 (*Rationelle Nutzung*) Der Staat soll bei der Durchführung von Bauten für Wirtschaft, Kultur, oder Landesverteidigung das Land sparsam und rationell nutzen. Wenn die Bauplanungsaufgabenstellung für ein Bauprojekt zur Genehmigung vorgelegt wird, müssen zusätzlich die Ansichten der Landverwaltungsabteilung beigefügt werden.

§ 18 (*Verfahren*) Das Verfahren zur Prüfung und Genehmigung der Verwendung von Land für staatliche Bauten:

(1) Die Bauherreneinheit muss mit der genehmigten Bauplanungsaufgabenstellung, provisorischen Entwürfen, Investitionsjahresplan u.a. betreffenden Dokumenten bei der Landverwaltungsabteilung der lokalen Volksregierungen ab der Kreisebene am Ort des beschlagnahmten Landes die Verwendung des Landes als Bauplatz beantragen.

(2) Die Landverwaltungsabteilung der lokalen Volksregierungen ab der Kreisebene überprüft und bestätigt den Antrag auf Verwendung des Landes als Bauplatz, steckt die Grenzen der Landnutzung ab, organisiert den von der Bauherreneinheit und den von der Einheit, deren Land enteignet wurde und anderen betroffenen Einheiten vereinbarten Kompensations- und Niederlassungsplan und reicht ihn bei der Volksregierung ab der Kreisebene zur Genehmigung ein.

(3) Nach Genehmigung des Antrags auf Verwendung von Land als Bauplatz gemäß der gesetzlichen Genehmigungsbefugnis durch die Volksregierung ab der Kreisebene wird durch die Volksregierung ab der Kreisebene am Ort des beschlagnahmten Landes eine Genehmigungsurkunde für die Verwendung des Landes als Bauplatz ausgestellt und die Landverwaltungsabteilung teilt gemäß dem Bautempo einmalig oder etappenweise das Land zu.

(4) Nach Fertigstellung des Bauprojektes und nach Prüfung und Abnahme durch die von der für das Bauprojekt zuständigen Stelle gebildeten betreffenden Abteilung wird die tatsächliche Verwendung des Landes durch die Landverwaltungsabteilung der Volksregierung ab der Kreisebene nachgeprüft; nach der Genehmigung werden gemäß den betreffenden Vorschriften des 2. Kapitels dieser Bestimmungen die Formalitäten der Landregistrierung geregelt und eine Nutzungsurkunde für das Land in Staatseigentum ausgegeben. (...)

(...)

[9] 1 Mu entspricht in etwa 667 qm; 1.000 Mu entsprechen demnach 67 Hektar (Anm. d. Verf.)

§ 21 (*Enteignung*) Die in § 25 I „Landverwaltungsgesetz“ genannte Enteignung von über 2.000 Mu sonstigen Landes schließt die gleichzeitige Enteignung von weniger als 1.000 Mu Ackerland für ein Bauprojekt und von mehr als 1.000 Mu sonstigen Landes ein. Die in § 25 II Landverwaltungsgesetz genannte Enteignung von unter 10 Mu sonstigen Landes schließt die gleichzeitige Enteignung von unter 3 Mu Ackerland für ein Bauprojekt und von unter 10 Mu sonstiges Land ein.

§ 22 (*Rücknahme des Gebrauchsrechtes)* Nach § 19 „Landverwaltungsgesetz“ betreffend die Rücknahme des Gebrauchsrechts an staatseigenem Land kann die Volksregierung ab der Kreisebene bestimmen, es an landwirtschaftliche Kollektivorganisationen zur Kultivierung zu geben. Diese landwirtschaftlichen Kollektivorganisationen dürfen während der Zeit der Kultivierung auf diesem Lande keine dauerhaften Gebäude errichten oder mehrjährige Kulturen anbauen und müssen es, wenn es für staatliche Bauten gebraucht wird, rechtzeitig zurück geben. Wenn zum Zeitpunkt der Rückgabe eine junge Saat auf dem Land steht, muss die Bauherreneinheit einen Erstattungsbetrag für die junge Saat zahlen.

§ 23 (*Vorübergehende Landnutzung*) Wenn die Bauherreneinheit aufgrund von Erfordernissen der Bauausführung über die Grenzen des enteigneten Landes hinaus vorübergehend das benötigte Land erweitern muss, hat sie bei den Landverwaltungsabteilungen der Volksregierung ab der Kreisebene vor Ort einen Antrag zu stellen; dieser wird der Volksregierung gleicher Ebene zur Genehmigung vorgelegt. Wenn innerhalb städtischer Planungsgebiete das benötigte Land vorübergehend erweitert werden muss, soll zuerst bei den städtischen für die Planung zuständigen Verwaltungsorganen ein Antrag aus Ortsfestlegung, nach dessen Prüfung und Genehmigung ein Antrag auf vorübergehende Landnutzung bei der Landverwaltungsbeteilung gestellt werden. Bei vorübergehender Nutzung von Land in kollektivem Eigentum ist gemäß § 33 I „Landverwaltungsgesetz“ eine Entschädigung zu zahlen.

5. Kapitel: Verwendung von Land für Bauten der Landgemeinden (Kleinstädte) und Dörfer

§ 24 (*Kontrolle*) Alle Bauten von Landgemeinden und Dörfern sind unter strikter Kontrolle zu halten bezüglich der Besetzung zur landwirtschaftlichen Produktion genutzten Landes; die durch die lokale Volksregierung ab der Kreisebene den unteren Ebenen vorgegebenen Kontrollziffern für die Verwendung von Land für Bauten des Dorfes (oder Kleinstadt) und des Ortsteils dürfen nicht überschritten werden.

(...)

§ 26 (*Wohnbauten nicht ländlicher Bevölkerung*) Ist für Wohnbauten für die nicht in der Landwirtschaft tätige Bevölkerung der Städte und Kleinstädte der Gebrauch von Land im Eigentum von Kollektiven erforderlich, muss nach Billigung durch die Einheit am Ort oder des Einwohnerkomitees bei der Wirtschaftsorganisation des landwirtschaftlichen Kollektivs des Dorfes, beim Dorfkomitee oder bei der Wirtschaftsorganisation des Kollektivs der Bau-

ern der Gemeinde (oder Kleinstadt) ein Antrag auf Landnutzung gestellt werden. Wenn das gebrauchte Land zum Eigentum des Kollektivs der Bauern des Dorfes gehört, wird dies von der Vertretung der ländlichen Bevölkerung des Dorfes oder deren Vollversammlung diskutiert und angenommen, nach Prüfung und Billigung durch die Volksregierung der Gemeinde (oder Kleinstadt) wird dies der Volksregierung auf Kreisebene zur Genehmigung vorgelegt; wenn das gebrauchte Land zum Eigentum des Kollektivs der Bauern der Gemeinde (oder Kleinstadt) gehört, wird dies von der Wirtschaftsorganisation des Kollektivs der Bauern diskutiert und angenommen; nach Prüfung und Billigung durch die Volksregierung der Gemeinde (oder Kleinstadt) wird dies der Volksregierung auf Kreisebene zur Genehmigung vorgelegt.

(...)

§ 29 (*Nicht landwirtschaftliche Aktivitäten*) Wenn ländliche Übernahmebetreiber und Privatbetreiber im industriellen und kommerziellen Bereich Aktivitäten nicht landwirtschaftlicher Produktion betreiben, müssen die ursprünglichen Wohnbaugebiete genutzt werden; wenn außerdem noch Land in Kollektivbesitz benötigt wird, ist es erforderlich, mit den Genehmigungsdokumenten der entsprechenden Organe bei der Wirtschaftsorganisation des Kollektivs der Bauern des Dorfes, dem Komitee der Dorfbewohner oder der Wirtschaftsorganisation des Kollektivs der Bauern der Gemeinde (oder Kleinstadt) einen Antrag auf Landnutzung zu stellen, der von der Vertretung der Dorfbewohner oder der Wirtschaftsorganisation des Kollektivs der Bauern der Gemeinde (oder Kleinstadt) diskutiert und angenommen wird, nach Prüfung und Billigung durch die Volksregierung der Gemeinde (oder Kleinstadt) wird dies von der lokalen Volksregierung auf Kreis- und höherer Ebene gemäß den von Provinzen, autonomen Gebieten und zentralunmittelbaren Städten bestimmten Genehmigungszuständigkeiten genehmigt.

6. Kapitel: Rechtliche Haftung

§ 30 (*Rechtswidrige Inanspruchnahme von Land)* Gemäß §§ 43, 44 „Landverwaltungsgesetz" wird dem Rechtsverletzer neben der Verpflichtung, das rechtswidrig in Anspruch genommene Land zurück zu geben und innerhalb einer Frist neu errichtete Bauten und andere Einrichtungen auf dem Land abzureißen oder konfiszieren zu lassen, eine Geldstrafe auferlegt gemäß dem Maßstab von 15 Yuan oder weniger pro qm rechtswidrig in Anspruch genommenen Landes.

(...)

§ 36 (*Rechtswidrige Bautätigkeit*) Wenn ohne Genehmigung oder nach Erlangung einer Genehmigung auf betrügerische Weise wie Brachliegenlassen von Ackerland oder Ergreifung anderer Maßnahmen, Land rechtswidrig für Wohnbauten oder andere Bauten in Anspruch genommen wird, werden die auf dem rechtswidrig in Anspruch genommenen Land errichteten Bauten und andere Einrichtungen innerhalb einer Frist abgerissen oder konfis-

ziert und die Verpflichtung zur Rückgabe des rechtswidrig in Anspruch genommenen Landes wird auferlegt. Wenn die Einheit oder Einzelperson nach Auferlegung der rechtmäßigen Strafe, die neu errichteten Bauten und andere Einrichtungen innerhalb einer Frist abreißen oder konfiszieren zu lassen, mit der Bauausführung fortfährt, hat das den Strafbescheid ausgebende Organ das Recht, die Anlagen und das Baumaterial, mit denen die Bauausführung fortgesetzt wird, zu konfiszieren und unter Verschluss zu nehmen.

(...)

§ 38 (*Zwangsvollstreckung*) Wird das Eigentum oder Gebrauchsrecht an Land verletzt, und wird nach dem Erlass des die Sache regelnden Beschlusses durch die Landverwaltungsabteilung der lokalen Volksregierung ab der Kreisebene von Seiten des Rechtsverletzers weder Klage erhoben, noch dem Beschluss nachgekommen, so kann der Geschädigte gerichtliche Zwangsvollstreckung beantragen.

7. Kapitel: Ergänzende Regeln

§ 39 (*Auslegung*) Für die Auslegung dieser Bestimmungen ist das staatliche Landverwaltungsamt verantwortlich.

§ 40 (*Inkrafttreten*) Diese Bestimmungen werden vom 1.2.1991 an durchgeführt.

III Das „Gesetz zur Verwaltung städtischer Immobilien“

(In Kraft getreten am 1.1.1995)
Deutsche Übersetzung: PAULUS 1997

1. Kapitel: Allgemeine Regeln

§ 1 (*Zweck*) Dieses Gesetz wurde erlassen, um die Verwaltung städtischer Immobilien zu verstärken, die Ordnung im städtischen Immobilienmarkt aufrecht zu erhalten, die legalen Rechte und Interessen von Grundbesitzern zu schützen und die gesunde Entwicklung der Immobilienwirtschaft zu fördern.

§ 2 (*Anwendungsbereiche*) Der Erwerb von Nutzungsrechten für Land im Staatseigentum zum Zweck der Immobilienentwicklung in Stadtplanungsgebieten der Volksrepublik China (nachfolgend „staatseigenes Land“) sowie die Immobilienentwicklung und der Immobilienhandel unterliegen der Immobilienverwaltung und den Regelungen dieses Gesetzes.

„Gebäude“ im Sinne dieses Gesetzes sind Häuser und andere Gebäude und Bauwerke, die auf dem Boden errichtet werden.

„Immobilienentwicklung“ im Sinne dieses Gesetzes bezeichnet die Errichtung von Infrastrukturen und Gebäuden auf staatseigenem Land, für das ein Nutzungsrecht in Übereinstimmung mit diesem Gesetz erworben wurde.

„Immobiliengeschäfte“ im Sinne dieses Gesetzes umfassen die Veräußerung, Verpfändung und Vermietung von Immobilien.

§ 3 (*System der Landnutzung*) Der Staat führt ein System der entgeltlichen und zeitlich befristeten Nutzung staatseigenen Landes durch. Eine Ausnahme hierzu bilden die vom Staat im Rahmen dieses Gesetzes zugewiesenen Landnutzungsrechte.

§ 4 (*Förderung des Wohnungsbaus*) Gemäß den Entwicklungsstandards von Gesellschaft und Wirtschaft unterstützt der Staat den Wohnungsbau und verbessert schrittweise die Lebensbedingungen der Einwohner.

§ 5 (*Rechte und Pflichten der Immobilienbesitzer*) Die Immobilienbesitzer haben die Gesetzes- und Verwaltungsbestimmungen zu respektieren und gemäß dem Recht Steuern zu entrichten. Ihre legalen Rechte und Interessen werden vom Gesetz geschützt und dürfen von keiner Einheit und keiner Einzelperson beeinträchtigt werden.

§ 6 (*Verwaltungsbehörden*) Die Gebäudeverwaltungsbehörde und die Bodenverwaltungsbehörde des Staatsrats müssen gemäß ihres durch den Staatsrat festgelegten Zuständigkeitsbereiches ihre Aufgaben wahrnehmen, eng zusammen arbeiten und die Immobilienverwaltungsarbeit des gesamten Staates durchführen.

Die interne Struktur, die Ausstattung und die Rechte der Gebäude- und Bodenverwaltungsbehörden der regionalen Volksregierungen ab der Kreisebene werden von den

Volksregierungen der Provinzen, autonomen Regionen und zentralunmittelbaren Städten bestimmt.

2. Kapitel: Land für die Immobilienentwicklung

1. Abschnitt: Veräußerung von Landnutzungsrechten

§ 7 (*Begriff*) „Veräußerung von Landnutzungsrechten" bezeichnet einen Rechtsakt, bei dem der Staat Landnutzungsrechte an staatseigenem Land (nachfolgend „Landnutzungsrechte") für eine begrenzte Anzahl von Jahren an den Landnutzer veräußert. Der Landnutzer bezahlt dafür dem Staat eine Landnutzungsgebühr.

§ 8 (*Landnutzungsrechte für Kollektivland im Stadtplanungsbereich*) Landnutzungsrechte für Land im Kollektiveigentum innerhalb der Stadtplanungsgebiete können nur vergeben werden, wenn das Land gemäß den Regelungen dieses Gesetzes vom Staat zur Nutzung beansprucht wurde und in staatseigenes Land umgewandelt wurde.

§ 9 (*Plan zur jährlichen Vergabe von Land zu Bauzwecken*) Die Veräußerung der Landnutzungsrechte muss mit dem Landnutzungsgesamtplan, der Städteplanung und dem Plan zur jährlichen Vergabe von Land zu Bauzwecken übereinstimmen.

§ 10 (*Plan zur jährlichen Vergabe von Land zu Bauzwecken*) Die regionalen Volksregierungen ab der Kreisebene, welche Land zur Immobilienentwicklung veräußern, müssen jährliche Vorschläge betreffend die Gesamtfläche an Land, für das Landnutzungsrechte veräußert werden sollen, formulieren, welche mit den von den Volksregierungen ab der Provinzebene fest gesetzten Kontrollzielen übereinstimmen. Diese Vorschläge werden dem Staatsrat oder der Volksregierung auf Provinzebene gemäß den Regelungen des Staatsrates zur Genehmigung vorgelegt.

§ 11 (*System der Veräußerung von Landnutzungsrechten*) Die Landnutzungsrechte sind von den Volksregierungen auf Stadt- oder Kreisebene planmäßig und schrittweise zu veräußern. Die Bodenverwaltungsbehörden der Volksregierungen auf Stadt- oder Kreisebene sollen, in Verbindung mit den Stadtplanungs-, Bau- und Bodenverwaltungsbehörden, gemeinsam Pläne ausarbeiten, die die Zielsetzung, die zeitliche Begrenzung und andere die Vergabe der Landnutzungsrechte betreffende Bedingungen festlegen. Diese Pläne sind gemäß den Regelungen des Staatsrates von den Bodenverwaltungsbehörden der Volksregierungen auf Stadt- oder Kreisebene durchzuführen, nachdem sie den Volksregierungen mit Genehmigungskompetenz vorgelegt und von diesen genehmigt wurden.

Die im vorangegangenen Abschnitt bestimmten Kompetenzen der Volksregierungen der zentralunmittelbaren Städte und deren betreffende Behörden werden von den Volksregierungen dieser Städte bestimmt.

§ 12 (*Veräußerungsarten*) Landnutzungsrechte werden durch Auktion, öffentliche Ausschreibung oder gegenseitiges Übereinkommen veräußert.

Soll der Boden für Handel, Tourismus, Unterhaltung oder zum Bau von Luxuswohnungen gebraucht werden, so müssen die Landnutzungsrechte durch Auktion oder öffentliche Ausschreibung vergeben werden, falls die Bedingungen dafür vorliegen. Liegen die Bedingungen nicht vor und kann eine Auktion oder eine öffentliche Ausschreibung nicht durchgeführt werden, so kann auch die Methode des gegenseitigen Übereinkommens angewandt werden.

Die Landnutzungsrechtgebühr, die im Wege des gegenseitigen Übereinkommens vereinbart wird, darf nicht unterhalb der staatlich festgesetzten Preisgrenze liegen.

§ 13 (*Dauer der Abtretung von Landnutzungsrechten*) Die maximale Dauer der Veräußerung von Landnutzungsrechten wird vom Staatsrat bestimmt.

§ 14 (*Veräußerungsvertrag*) Bei der Veräußerung von Landnutzungsrechten ist ein schriftlicher Veräußerungsvertrag zu schließen.

Der Veräußerungsvertrag wird zwischen den Bodenverwaltungsbehörden der Volksregierung auf Stadt- oder Kreisebene und dem Landnutzer geschlossen.

§ 15 (*Zahlung der Landnutzungsrechtgebühr, Vertragsbruch seitens des Landnutzers*) Der Landnutzer muss gemäß den Bestimmungen des Veräußerungsvertrages eine Gebühr für den Erhalt der Landnutzungsrechte zahlen. Zahlt er diese Gebühr nicht in Übereinstimmung mit dem Veräußerungsvertrag, so hat die Bodenverwaltungsbehörde das Recht, von dem Vertrag zurück zu treten; sie kann auch Schadensersatz wegen Vertragsbruch verlangen.

§ 16 (*Vertragsbruch seitens der Bodenverwaltungsbehörde*) Wenn der Landnutzer die Landnutzungsgebühr in Übereinstimmung mit dem Vertrag gezahlt hat, muss die Bodenverwaltungsbehörde der Volksregierung auf Stadt- oder Kreisebene das Land, welches gemäß dem Vertrag zu vergeben ist, zur Verfügung stellen. Stellt die Bodenverwaltungsbehörde dieses Land nicht vertragsgemäß zur Verfügung, so hat der Landnutzer das Recht, von dem Vertrag zurück zu treten und die Bodenverwaltungsbehörde muss die Landnutzungsgebühr zurück erstatten. Der Landnutzer kann außerdem Schadensersatz wegen Vertragsbruch verlangen.

§ 17 (*Vertragsänderung)* Ändert der Landnutzer den im Landnutzungsvertrag festgehaltenen Verwendungszweck der Landnutzung, so muss er das Einverständnis des Vergebers der Landnutzungsrechte sowie der Verwaltungsbehörde für Städteplanung der Volksregierung auf Stadt- oder Kreisebene erlangen; es wird sodann eine Übereinkunft über die Änderung des Landnutzungsrechtsvertrags getroffen oder ein neuer Landnutzungsrechtsvertrag unterzeichnet und die Landnutzungsrechtgebühr entsprechend angepasst.

§ 18 (*Landnutzungsrechtgebühr)* Die Landnutzungsrechtgebühren sind vollumfänglich den Finanzbehörden zu zahlen, in die Haushalte aufzunehmen und für den Aufbau städtischer Infrastrukturen und die Landentwicklung zu nutzen. Detaillierte Regelungen über die Abga-

be der Landnutzungsrechtgebühr und deren weitere Verwendung werden vom Staatsrat erlassen.

§ 19 (*Rücknahme von Landnutzungsrechten, Entschädigung)* Landnutzungsrechte, die von einem Landnutzer in Übereinstimmung mit diesem Gesetz erlangt wurden, darf der Staat nicht vor Ablauf der im Landnutzungsrechtvertrag festgelegten Frist widerrufen. Unter besonderen Umständen und gemäß den Bedürfnissen des öffentlichen Interesses können die Landnutzungsrechte vor Ablauf der vertraglich festegelegten Frist gemäß gesetzlichem Verfahren widerrufen werden; auf der Basis des Zeitraums während dem der Landnutzer das Land tatsächlich genutzt hat und gemäß dem Entwicklungsstand des Landes wird eine entsprechende Entschädigung geleistet.

§ 20 (*Landzerstörung*) Durch Zerstörung des Landes verfallen die Landnutzungsrechte.

§ 21 (*Verlängerung der Landnutzungsrechte)* Will ein Landnutzer das Land nach Ablauf der im Landnutzungsvertrag festgelegten Zeitspanne weiter nutzen, so muss er bis spätestens ein Jahr vor Ablauf der ursprünglichen Frist einen Antrag auf Verlängerung stellen. Einem solchen Antrag wird stattgegeben, es sei denn es ist erforderlich, das Land im öffentlichen Interesse einzuziehen. Wurde dem Antrag stattgegeben, wird ein neuer Landnutzungsrechtvertrag geschlossen und die Landnutzungsrechtgebühr gemäß den gesetzlichen Regelungen bezahlt.
Landnutzungsrechte werden vom Staat entschädigungslos eingezogen, wenn die im Landnutzungsrechtvertrag festgelegte Zeitspanne abläuft und der Landnutzer keinen Verlängerungsantrag gestellt hat oder wenn seinem Verlängerungsantrag nicht gemäß den Bestimmungen des vorangegangenen Absatzes zugestimmt wurde.

2. Abschnitt: Zuweisung von Landnutzungsrechten

§ 22 (*Begriff)* „Zuweisung von Landnutzungsrechten" bezeichnet einen von den Volksregierungen ab der Kreisebene in Übereinstimmung mit dem Gesetz genehmigten Rechtsakt, bei dem Land einem Landnutzer zur Benutzung zugewiesen wird, nachdem dieser eine Ausgleichszahlung oder eine Neuansiedlungsgebühr etc. gezahlt hat, oder wenn einem Landnutzer Landnutzungsrechte zugewiesen werden, ohne dass dieser eine Ausgleichszahlung dafür leisten muss.
Landnutzungsrechte, die nach diesem Gesetz durch Zuweisung erteilt wurden, unterliegen keiner zeitlichen Begrenzung, es sei denn, dass Gesetze oder Verwaltungsbestimmungen andere Regelungen vorsehen.

§ 23 (*Landnutzungsrechte für Bauzwecke)* Landnutzungsrechte für Bauzwecke, die für nachfolgend aufgeführtes Land wirklich benötigt werden, können von den Volksregierungen ab der Kreisebene gemäß dem Gesetz zugewiesen werden:

(1) Land, welches von Staatsorganen oder aus militärischen Gründen benötigt wird;
(2) Land für städtische infrastrukturelle Einrichtungen und für das Allgemeinwohl;

(3) Land für Schlüsselprojekte wie Energie, Kommunikation und Wasserbau etc., die vom Staat besonders gefördert werden;

(4) Land für andere in Gesetzen und Verwaltungsbestimmungen geregelte Zwecke.

3. Kapitel: Immobilienentwicklung

§ 24 (*Einbeziehung in die staatliche Planungspolitik*) Die Immobilienentwicklung unterliegt strikt der Städteplanung. Gemäß der Prinzipien des wirtschaftlichen Nutzens, des gesellschaftlichen Nutzens und des Nutzens für die Umwelt werden die Gesamtplanungen, eine vernünftige Verteilung, eine allumfassende Entwicklung und ein komplettierter Aufbau durchgeführt.

§ 25 (*Fristen bezüglich des Beginns der Entwicklungsarbeiten)* Wenn die Inhaber von staatlich vergebenen Landnutzungsrechten Entwicklungsarbeiten durchführen, so müssen sie das Land gemäß dem im Landnutzungsvertrag festegelegten Verwendungszweck und gemäß der Fristen bezüglich des Beginns der Entwicklungsarbeiten entwickeln. Wenn die vertraglich festgelegte Frist über den Beginn der Entwicklungsarbeiten um ein Jahr überschritten wird, kann eine Brachliegegebühr von bis zu 20% der Landnutzungsgebühr erhoben werden; wird die Frist um zwei Jahre überschritten, so können die Landnutzungsrechte entschädigungslos eingezogen werden, außer wenn der verspätete Beginn der Entwicklungsarbeiten auf höhere Gewalt, eine Handlung der Regierung bzw. einer ihrer Behörden oder auf erforderliche Vorarbeiten zurück zu führen ist.

§ 26 (*Erforderliche Standards)* Der Entwurf und die Ausführung von Immobilienentwicklungsprojekten müssen den entsprechenden Normen und Standards des Staates entsprechen. Fertiggestellte Immobilienentwicklungsprojekte werden erst zur Benutzung frei gegeben, nachdem untersucht worden ist, ob sie den Standards entsprechen.

§ 27 (*Landnutzungsrechte als Kapitaleinlage)* Landnutzungsrechte, die gemäß dem Recht erlangt wurden, können gemäß diesem Gesetz und anderer relevanter gesetzlicher Bestimmungen und Verwaltungsregeln als Kapitaleinlage in Kapital- oder Kooperativ-Gemeinschaftsunternehmen zur Immobilienentwicklung eingebracht werden.

§ 28 (*Vorzugsmaßnahmen beim Wohnungsbau)* Der Staat erlässt Steuererleichterungen und andere Vorzugsmaßnahmen, um die Immobilienentwicklungsgesellschaften zu ermutigen und zu unterstützen, die im Wohnungsbau tätig sind.

§ 29 (*Bedingungen für die Errichtung einer Immobilienentwicklungsgesellschaft)* Eine Immobilienentwicklungsgesellschaft ist ein gewinnorientiertes Unternehmen, welches in der Immobilienentwicklung und im Immobiliengeschäft tätig ist. Um eine Immobiliengesellschaft gründen zu können, sind die folgenden Bedingungen zu erfüllen:

(1) Eigener Name und Organstruktur;

(2) Fester Geschäftssitz;

(3) Den Bestimmungen des Staatsrates entsprechendes eingetragenes Kapital;

(4) Sonstige in Gesetzen und Verwaltungsbestimmungen vorgesehene Bedingungen. Für die Gründung einer Immobilienentwicklungsgesellschaft ist ein Registrierungsantrag bei der Industrie- und Handelsbehörde zu stellen. Die Industrie- und Handelsbehörde unternimmt bei Antragstellern, die den Vorschriften dieses Gesetzes entsprechen, die Registrierung und stellt eine Geschäftslizenz aus. Antragsteller, die den Regelungen dieses Gesetzes nicht entsprechen, werden nicht registriert.

Wenn eine Gesellschaft mit beschränkter Haftung oder eine Aktiengesellschaft zur Immobilienentwicklung gegründet werden, gelten für diese zusätzlich die relevanten Bestimmungen des Gesellschaftsrechts.

Die Gründung einer Immobilienentwicklungsgesellschaft ist innerhalb eines Monats nach Erhalt der Geschäftslizenz bei den von den Volksregierungen ab der Kreisebene autorisierten örtlichen Behörden zu den Akten zu nehmen.

§ 30 (*Eingetragenes Kapital der Immobilienentwicklungsgesellschaften, Projektentwicklung in Phasen)* Das Verhältnis des eingetragenen Kapitals zur Gesamtinvestition eines Immobilienentwicklungsunternehmens muss den relevanten staatlichen Bestimmungen entsprechen.

Wenn eine Immobilienentwicklungsgesellschaft eine Immobilie in Phasen entwickelt, muss die Höhe der Investition in jeder Phase dem Gesamtausmaß des Projektes entsprechen. Die Investition muss gemäß den im Landnutzungsrechtvertrag festgelegten Terminen geleistet und zum Aufbau des Projektes verwandt werden.

4. Kapitel: Immobilienhandel

1. Abschnitt: Allgemeine Bestimmungen

§ 31 (*Verfügung)* Werden Immobilien übertragen oder verpfändet, so wird gleichzeitig das Eigentum an den Gebäuden und das Nutzungsrecht für das Land, auf dem die Gebäude stehen, übertragen oder verpfändet.

§ 32 (*Gebührenordnung)* Standardpreise für Land, festgelegte Preise für Land und Erstattungspreise für alle möglichen Arten von Gebäuden werden regelmäßig festgelegt und veröffentlicht. Konkrete Maßnahmen werden vom Staatsrat bestimmt.

§ 33 (*Wertschätzung von Immobilien)* Der Staat richtet ein System der Wertschätzung von Immobilien ein.

Die Wertschätzung der Immobilien erfolgt nach den Prinzipien der Fairness, der Gleichheit und der Öffentlichkeit gemäß den vom Staat festgelegten technischen Standards und der Wertschätzungsverfahren und auf der Grundlage der Standardpreise, der festgelegten Preise und der Erstattungspreise für alle Arten von Gebäuden sowie mit Bezug auf die örtlichen Marktpreise.

§ 34 (*Berichterstattung über den Verkehrswert)* Der Staat führt ein System der Berichterstattung über den Verkehrswert von Immobilien ein.

Ein Immobilienbesitzer, der seine Immobilie veräußert, muss der von der örtlichen Volksregierung ab der Kreisebene autorisierten Behörde wahrheitsgemäß den Verkehrswert angeben, er darf dies weder unterlassen, noch darf er unwahre Angaben machen.

§ 35 (*Eintragung der Rechtstitel)* Personen, die Immobilien übertragen oder verpfänden, müssen sich bezüglich der Eintragung der Rechtstitel an die Vorschriften des Kapitels 5 dieses Gesetzes halten.

2. Abschnitt: Übertragung von Immobilien

§ 36 (*Begriff*) „Übertragung von Immobilien" bezeichnet einen Rechtsakt, bei dem ein Immobilienbesitzer seine Immobilie durch Verkauf, Schenkung oder andere legale Methoden an einen anderen überträgt.

§ 37 (*Übertragungsverbote*) Die folgenden Immobilien dürfen nicht übertragen werden:

(1) Immobilien, für welche man die Landnutzungsrechte im Wege der Veräußerung erstanden hat, wenn bei Veräußerung dieser Immobilie die Bedingungen des § 38 dieses Gesetzes nicht erfüllt werden;

(2) Unter Verschluss stehende Immobilien oder Immobilien, für welche die Immobilienrechte in irgendeiner Form durch die Justiz- oder Verwaltungsbehörden in Übereinstimmung mit dem Gesetz eingeschränkt wurden;

(3) Immobilien, für welche die Landnutzungsrechte in Übereinstimmung mit dem Gesetz eingezogen wurden;

(4) Immobilien in Gemeinschaftseigentum, welche ohne die schriftliche Genehmigung der anderen Eigentümer veräußert werden;

(5) Immobilien, deren Rechtstitel streitig sind;

(6) Immobilien, die nicht gesetzmäßig registriert worden sind und für die kein Rechtstitelzertifikat ausgestellt wurde;

(7) Andere Umstände, unter denen Gesetze oder Verwaltungsbestimmungen eine Übertragung verbieten.

§ 38 (*Voraussetzungen*) Landnutzungsrechte, die durch Abtretung erstanden wurden, können unter den folgenden Bedingungen veräußert werden:

(1) Wenn man die Landnutzungsrechtgebühr gemäß dem Landnutzungsrechtvertrag bezahlt und ein Landnutzungszertifikat erhalten hat.

(2) Wenn man gemäß dem Landnutzungsrechtvertrag Investitionen geleistet und das Land entwickelt hat. Beim Bau von Gebäudeprojekten müssen mehr als 25% der Gesamtinvestitionssumme in die Entwicklung investiert worden sein. Bei der Entwicklung von großen Landflächen müssen die Bedingungen für die kommerzielle Nutzung oder für die Nutzung aus Bauzwecken geschaffen worden sein. Wenn bei der Veräußerung von Immobilien bereits Gebäude fertig gestellt worden sind, so muss man außerdem ein Gebäudeeigentumszertifikat erhalten.

§ 39 (*Übertragung von zugewiesenen Immobilien)* Die Veräußerung von zugewiesenen Landnutzungsrechten muss gemäß den Bestimmungen des Staatsrates einer Volksregierung mit Prüfungs- und Genehmigungskompetenz gemeldet werden. Wenn der Übertragung von einer Volksregierung mit Prüfungs- und Genehmigungskompetenz zugestimmt wurde, so muss der Rechtsnachfolger die Abtretungsformalitäten für Immobilien erfüllen und gemäß den entsprechenden Regelungen des Staatsrates eine Landnutzungsrechtgebühr zahlen. Wurden Landnutzungsrechte zugewiesen und hat bei der Veräußerung der Immobilie die Volksregierung mit Genehmigungskompetenz gemäß den Bestimmungen des Staatsrates entschieden, dass die Abtretungsformalitäten nicht erledigt werden müssen, so soll der Veräußernde entsprechend den Bestimmungen des Staatsrates die Einnahmen aus der Veräußerung des Bodens, die er bei Veräußerung der Immobilie einnimmt, an den Staat abführen oder anderweitig damit verfahren.

§ 40 (*Schriftlicher Vertrag)* Bei der Übertragung von Immobilien ist ein schriftlicher Veräußerungsvertrag erforderlich, in dem die Art und Weise des Erhalts der Landnutzungsrechte genau festzuhalten sind.

§ 41 (*Übertragung von Rechten und Pflichten)* Wenn Immobilien übertragen werden, so werden die Rechte und Pflichten, die im Landnutzungsrechtvertrag festgehalten sind, gemeinsam mit der Immobilie übertragen.

§ 42 (*Nutzungsdauer nach Veräußerung)* Die Nutzungsdauer von durch Veräußerung entstandenen Landnutzungsrechten soll sich nach Übertragung dieser Landnutzungsrechte aus der Differenz zwischen der im ursprünglichen Landnutzungsrechtvertrag festgelegten Zeitspanne und der Zeitspanne, in der der Veräußerer das Land bereits genutzt hat, ergeben.

§ 43 (*Änderung des Nutzungszweckes)* Wenn im Wege der Veräußerung erhaltene Landnutzungsrechte veräußert werden und der neue Besitzer den im ursprünglichen Landnutzungsrechtvertrag festgelegten Nutzugszweck ändern möchte, so muss er dazu die Genehmigung des Vorbesitzers und der Verwaltungsbehörde der Volksregierung auf Stadt- oder Kreisebene erlangen; es wird sodann eine Einverständniserklärung über die Änderung des Landnutzungsrechtvertrages oder ein neuer Landnutzungsrechtvertrag unterzeichnet und die Landnutzungsrechtgebühr entsprechend angepasst.

§ 44 (*Vorverkauf von Gebäuden)* Beim Vorverkauf von Gebäuden müssen folgende Bedingungen erfüllt werden:

(1) Die Landnutzungsrechtgebühr muss bezahlt sein und man muss ein Landnutzungsrechtzertifikat erhalten haben;

(2) Der Erhalt einer besonderen Bauprojektplanungserlaubnis;

(3) Auf der Grundlage des zum Vorverkauf anstehenden Gebäudes muss in die Entwicklung des Projektes mehr als 25% der Gesamtinvestitionssumme inves-

tiert worden sein, außerdem müssen der Verlauf der Bauausführung und das Datum der Fertigstellung und der Übergabe feststehen;

(4) Die Registrierung des Vorverkaufs muss bei der Gebäudeverwaltungsbehörde der Volksregierung ab der Kreisebene vorgenommen worden sein und man muss eine Gebäudevorverkaufsgenehmigung erhalten haben;
Die Vorverkäufer von Gebäuden müssen den Vorverkaufsvertrag gemäß den Bestimmungen des Staatsrates den Gebäude- und Bodenverwaltungsbehörden der Volksregierungen ab der Kreisebene zur Registrierung und Eintragung in die Akten vorlegen.
Die Erträge aus dem Verkauf von Gebäuden müssen für die betreffenden Bauprojekte verwendet werden.

§ 45 (*Weiterverkauf von Gebäuden)* Alle auftretenden Fragen für den Fall, dass der Käufer von Vorverkaufsgebäuden diese nicht fertiggestellten Gebäude weiter verkaufen möchte, werden vom Staatsrat geregelt.

3. Abschnitt: Verpfändung von Immobilien

§ 46 (*Begriff)* „Verpfändung von Immobilien" bezeichnet einen Rechtsakt, bei dem der Pfandschuldner dem Pfandgläubiger für seine Verbindlichkeit eine Sicherheit in Form einer Immobilie bietet, ohne dass der Besitz an dieser Immobilie auf den Pfandgläubiger übergeht. Wenn der Pfandschuldner seine Verbindlichkeit nicht erfüllt, hat der Pfandgläubiger gemäß dem Recht ein Recht auf vorrangige Befriedigung aus dem Ertrag der Versteigerung der verpfändeten Immobilie.

§ 47 (*Verpfändung von Gebäuden und Landnutzungsrechten)* Hypotheken können für rechtmäßig erlangtes Gebäudeeigentum gemeinsam mit den Landnutzungsrechten für den Boden, auf dem diese Gebäude stehen, aufgenommen werden.

§ 48 (*Benötigte Zertifikate)* Die Hypothekenaufnahme erfolgt auf der Grundlage von Landnutzungsrechtzertifikaten und Gebäudeeigentumszertifikaten.

§ 49 (*Pfandvertrag)* Bei der Hypothekenaufnahme muss ein schriftlicher Vertrag zwischen dem Pfandgläubiger und dem Pfandschuldner unterzeichnet werden.

§ 50 (*Verpfändung von zugewiesenem Land)* Wenn zugewiesene Landnutzungsrechte verpfändet werden und diese dann gemäß dem Gesetz versteigert werden, so wird der Pfandgläubiger erst dann vorrangig aus dem Versteigerungserlös befriedigt, nachdem ein der zu zahlenden Landnutzungsrechtgebühr entsprechender Betrag aus dem Versteigerungserlös an den Staat gezahlt worden ist.

C Steuern und Gebühren

Allgemeine Immobiliensteuern

Bei den im Zuge von Transaktionen auf dem chinesischen Immobilienmarkt anfallen Steuern sind hinsichtlich der zusätzlich anfallenden Gebühren große regionale Differenzen auszumachen. Generell variieren die Immobiliensteuern entsprechend des Wohnsitzes des Steuerzahlers.

	1986	1988	1990	1992	1995
Peking	15	27	36	50	67
Guangzhou	12	26	35	48	63
Wuhan	6	12	24	40	56

C. I Anzahl der in verschiedenen Städten erhobenen Immobiliensteuern

Quelle: Eigene Darstellung nach Daten aus *YEAR BOOK OF CHINA REAL ESTATE MARKET 1996*, CD ROM Publikation

Abgesehen davon kann für die Mehrzahl der Großstädte von nachfolgend aufgelisteten grundsätzlich zu entrichtenden Steuersätzen für die Immobilienwirtschaft bei Übertragung, Bewirtschaftung und Verkauf von Immobilien und Bodennutzungsrechten ausgegangen werden:

- *Immobilienmehrwertsteuer:* ein entsprechend dem erzielten Mehrwert gestaffelter Steuersatz zwischen 30% und 60%
- *Körperschaftssteuer:* in Sonderwirtschaftszonen ca. 15% - 24% zzgl. 3% regionale Steuer; regulär 30% auf alle erwirtschafteten Gewinne. Für Unternehmen mit Sitz im Ausland wird die Körperschaftssteuer in Form einer 20%igen Quellensteuer auf die Bruttoerträge eingezogen. (Bei Herkunftsländern mit Doppelbesteuerungsabkommen reduziert sich dieser Betrag auf 10%.)
- *Allgemeine Umsatzsteuer:* 5%
- *Transaktionssteuer (Deed Tax):* lokal erhobene Steuer von 6% für den käuflichen Erwerb von Gebäuden, die vom Käufer an die örtlichen Behörden zu entrichten ist.
- *Stempelsteuer:* bei Übertragungsverträgen aller Art ist grundsätzlich eine Steuer in Höhe von 0,5% des Vertragspreises zu entrichten.
- *Registrierungsgebühr:* 0,1-0,3% des Transaktionswertes sind jeweils an die lokalen Behörden zu entrichten.
- *Notwendige Notargebühren*

Zudem ist eine Vielzahl unterschiedlicher regionaler Steuern und Gebühren für Transaktionen auf dem chinesischen Immobilienmarkt zu beachten, wie zum Beispiel eine Gebühr für die Übertragung von Landnutzungsrechten. Über die Höhe dieser Nutzungsgebühr entscheidet die lokale Regierung. Außerdem besteht eine Grundnutzungsgebühr für überlassene staatliche Grundstücke, die in einer Einmalzahlung an den Staat besteht. Zusätzlich werden jährlich von den örtlichen Grundverwaltungsämtern Grundnutzungsgebühren erhoben, deren Höhe ebenfalls nicht exakt beziffert werden kann. Unabhängig von diesen Gebühren wird auf alle staatlich zugeteilten Grundstücke jährlich eine Grundnutzungssteuer erhoben.[10]

Regional abweichende Gebühren

Weiterhin sind Gebühren wie *Conveyance Fee, Land Development Fee* und *Infrastructure Fee* bekannt. Unter *Conveyance Fee* ist eine Gebühr für die unterschiedliche Art der Landnutzung, beispielsweise für Industrie oder Wohnanlagen, zu verstehen. Die *Land Development Fee* wird in drei verschiedenen Stufen gestaffelt für die Umsiedlung in innerstädtischen, ländlichen und Stadtrandgebieten erhoben. Unter der *Infrastructure Fee* ist eine Gebühr zu verstehen, die für die Nutzung von städtischem Service wie Stadtreinigung und Anschluss ans Straßennetz erhoben wird.[11]

Eine *City Maintenance and Construction Tax von* 5% in ländlichen Gebieten und Kleinstädten und 7% in Großstädten wird von allen Steuerzahlern erhoben. Die Grundlage dieser Steuern ist der Gesamtbetrag der *Products Tax, Business Tax* und der Mehrwertsteuer *(Value-added Tax)*.[12]

Eine *City and Town Land Use Tax* wird von Einheiten, Organisationen, Rechtspersönlichkeiten und Einzelpersonen erhoben, die über Landnutzungsrechte in Großstädten, Kleinstädten sowie Industrie- und Bergbaugebieten verfügen. Die Höhe der Steuer richtet sich nach der Lage des Grundstücks. Dabei betragen die jährlichen Steuern für:

- Großstädte: 0,50 – 10 Yuan/ qm,
- Mittelgroße Städte: 0,40 – 8 Yuan/ qm,
- Kleinstädte: 0,30 – 6 Yuan/ qm,
- Ländliche Städte, Industrie- und Bergbaugebiete: 0,20 – 4 Yuan/ qm.

Steuersenkungen bis zu 70% sind gesetzlich nur für infrastrukturschwache Regionen zulässig.

Die *Cultivated Land Use Tax* variiert in ihrer Höhe zwischen 1 Yuan/ qm und 10 Yuan/ qm. Steuererhöhungen von mehr als 50% sind für Sonderwirtschaftszonen und beson-

[10] Vgl. STRICKER 1995, S. 21-22; YANG/ ZHAO 1995, S. 219; LAU 1996, S. 248
[11] Vgl. HIN 1996, S. 73-80
[12] Vgl. LAU 1996, S. 249

dere technologische Entwicklungszentren sowie für Gebiete mit niedriger Landnutzung pro Kopf nicht vorgesehen.[13]

Es ist angebracht, beim Verkauf von Immobilien den jeweils gültigen lokalen Regelungen Beachtung zu schenken. Die Bestimmungen der Gebühren- und Abgabenordnung sind beim landesweiten Vergleich als unübersichtlich und verwirrend zu bezeichnen. Nur einige Sonderwirtschaftszonen haben die anfallenden Steuern auf einem Amtsblatt aufgelistet.[14]

Speziell für den Neubau, die Bewirtschaftung und die Nutzung von Immobilien können die nachfolgend aufgelisteten Steuern anfallen:

- *Eigentumssteuern (Property Tax):*[15] werden von den Eigentümern der Landnutzungsrechte beziehungsweise der städtischen und ländlichen Grundstücke und von Hauseigentümern erhoben. Die Berechnungsbasis der Steuer kann hierbei entweder der Originalwert des Eigentums oder die Höhe der jährlichen Einnahmen sein. Wird der Objektwert zugrunde gelegt, beträgt die Steuer 1,2% von 70% - 90% der Anschaffungskosten. Bei der Gesamtheit der jährlichen Mieteinnahmen als Berechnungsbasis wird die Steuer in Höhe von ca. 15% erhoben.[16]
- *Steuer für die Nutzung städtischen Lands (Urban Land Use Tax):* wird nicht von ausländischen Nutzern oder ausländischen Immobilienentwicklungsfirmen erhoben. Die Höhe dieser Steuer beläuft sich auf ca. 0,3 – 10 Yuan/ qm Landnutzungsrecht pro Jahr.
- *Landnutzungsgebühr (Land Use Fee):* In der Vergangenheit war dies eine Art jährliche Pacht des Landnutzers an den Eigentümer (Staat bzw. Kollektive). Seit der Reformierung des Immobiliensystems ist darunter eine Steuer für die Landnutzungsrechte zu verstehen, die von den jeweiligen regionalen Behörden in unterschiedlicher Höhe erhoben wird. Es ist nicht ersichtlich, worin der Unterschied zur ebenfalls erhobenen *Land Use Tax* besteht. Die Höhe der Landnutzungsgebühr variiert zwischen 0,3 Yuan und 130 Yuan/ qm und Jahr.[17]

---

[13] Vgl. LEUNG 1997, S. 554

[14] "Shenzhen Real Property Industry Taxes (Fees) Provisions" vom 21.11.1991, Vgl. STRICKER 1995, S.23

[15] Verwirrenderweise in der Literatur des Öfteren auch schlicht als *Immobiliensteuer (Real Estate Tax)* bezeichnet. Diese Bezeichnung soll hier aufgrund der Uneindeutigkeit nicht verwendet werden. Aus Sicht der Verfasserin sind vielmehr eine Gruppe von verschiedenen, im Zusammenhang mit Eigentum anfallenden Steuern als „Immobiliensteuern" zu bezeichnen. (Anm. d. Verf.)

[16] Hier variieren die recherchierten Zahlen zwischen 12% und 18%. (Anm. d. Verf.)

[17] Vgl. STRICKER 1995, S. 22-23

Ausgleichszahlungen an Mieter, Grundbesitzer und Kleinbauern

Die Beanspruchung von städtischem oder landwirtschaftlich genutztem Land für die Projektentwicklung ist wesentlich teurer als die Immobilienentwicklung auf Neuland, das zuvor keiner Bewirtschaftung unterlag. Ein Entwicklungsunternehmen, das die Nutzungsrechte für bereits anderweitig bewirtschaftete Grundstücke zur Immobilienentwicklung erwerben möchte, muss sich in China auf langwierige Verhandlungen einstellen. Im Folgenden soll eine Übersicht über die möglicherweise anfallenden Ausgleichszahlungen einen Eindruck von den einzukalkulierenden finanziellen Aufwendungen vermitteln.

- *Kompensationszahlungen für die landwirtschaftlichen Nutzflächen (Plantation Compensation Fee)*
- *Gebühr für die Umsiedlung der ländlichen Haushalte (Rural Houshold Resettlement Fee)*
- *Gebühr für die Umsiedlung der ländlichen Unternehmen (Rural Enterprise Resettlement Fee)*
- *Kompensationszahlungen für den Getreideminderertrag (Grain Reduction Compensation Fee)*
- *Gebühr für Neulandgewinnung (Land Reclamation Fee)*
- *Gebühr für Anlage von Gemüseanbauflächen (Vegetable Land Construction Fee)*
- *Gebühr für Neubau von öffentlichen Gebäuden (Public Housing Construction Fee for Peasants)*

Für die Entwicklungsunternehmen können die Projektkosten infolge der zu leistenden Kompensationszahlungen beträchtlich ansteigen. Des Weiteren verzögern die Verhandlungen über jene Kompensationen oftmals die Fertigstellung der Bauprojekte.

In einigen Fällen übernehmen daher die Lokalregierungen aus Eigeninteresse die Kompensationszahlungen und übertragen das kollektiv genutzte Land durch Zahlung einer Landnutzungsgebühr an das regionale Bodenverwaltungsamt an den Staat. Auf diese Weise sind die benötigten Grundstücke bereit für die geplante Immobilienentwicklung.[18]

[18] Die geschilderte Vorgehensweise der teilweisen Kostenübernahme durch die chinesischen Lokalregierungen trifft zumeist nur auf infrastrukturelle Großprojekte und ähnliche, für die Entwicklung der jeweiligen Region vorteilhafte Investorenprojekte zu. Vgl. LAU 1996, S. 248-249

D Bodenpreise

Lediglich für den Immobilienmarkt in Shanghai sind die Bodenpreise für die Jahre 1992-1998 wissenschaftlich aufbereitet und sollen hier in kurzer Form dargestellt werden.

Im Stadtteil Changning sind in dieser Zeit 45 Grundstücke veräußert worden. Dabei lag der niedrigste Bodenpreis bei US $ 74/ qm für Wohnbebauung auf einem 1.773 qm großen Grundstück, das 26 km vom Stadtkern entfernt liegt. Der höchste Preis wurde mit 2.073 US $/ qm für ein 3.979 qm großes Grundstück erzielt, das ein Bodennutzungsrecht für Handels- und Wohnimmobilien hat.

Im zentral gelegenen Stadtteil Hongkou wurde mit einem 5.020 qm großen, für Wohn-, Gewerbe- und Büronutzung zugelassenen Grundstück ein Spitzenbodenpreis von US $ 1.022/ qm erzielt. Dieses Grundstück befindet sich direkt im Stadtzentrum. Das größte und billigste Grundstück in einer entsprechenden Lage wurde für einen Quadratmeterpreis von US $ 264 verkauft. Das Landnutzungsrecht schreibt hier eine allgemeine Wohnnutzung vor.

Die folgende Übersicht stellt jeweils das teuerste und das billigste im besagten Zeitraum veräußerte Grundstück tabellarisch gegenüber, wobei auch weitere Parameter wie Grundstücksgröße und Lage in die Betrachtung einfließen.

Distrikt	Nutzungsart	Grundstücksgröße (in qm)	Entfernung zum Stadtzentrum (in km)	Bodenpreis (in US $/ qm)
Changning	Gemischte Nutzung	3.979	28,6	2.022
	Wohnen	1.773	26,4	74
Hongkou	Gemischte Nutzung	5.020	1,0	1.022
	Wohnen	12.283	8,7	264
Huangpu	Gemischte Nutzung	6.039	2,1	1.151
	Wohnen	2.019	7,1	361
Jingan	Gemischte Nutzung	3.922	14,6	2.684
	Gemischte Nutzung	5.529	5,5	101
Luwan	Gemischte Nutzung	6.683	2	746
	Gemischte Nutzung	19.790	16	51
Nanshi	Gemischte Nutzung	1.987	1,6	970
	Gemischte Nutzung	2.500	10,6	278
Putuo	Gemischte Nutzung	8.258	5,8	774
	Wohnen	5.120	7,1	109
Xuhui	Gemischte Nutzung	5.927	7,5	884
	Wohnen	1.067	21	72
Yangpu	Gemischte Nutzung	9.076	5,1	510
	Gemischte Nutzung	10.580	7,6	150
Zhabei	Gemischte Nutzung	4.893	7,3	3.500
	Wohnen	4.522	4,4	257

D. I Bodenpreise der zwischen 1992-1993 veräußerten Grundstücke in Shanghai

Quelle: Eigene Darstellung nach Daten aus *HIN 1996*, S. 129-132

Ein Vergleich der Bodenpreise von erstklassigen Grundstücken asiatischer Großstädte der Jahre 1997 und 1998 ergibt eine Einordnung der Landnutzungspreise für Shanghai in einer Preiskategorie mit Kuala Lumpur und Bangkok.[19] Demnach betrugen die durchschnittlichen Bodenpreise für erstklassige zur Wohnnutzung ausgeschriebene Grundstücke im Jahr 1997 320 US $/ qm. Im darauf folgenden Jahr waren es bereits 450 US $.

Die Industrieflächen vorbehaltenen Grundstücke lagen 1997 bei 13 US $/ qm und 1998 bei 20 US $/ qm. Für Grundstücke, die behördlicherseits für Handel und Gewerbe ausgeschrieben sind, zahlte man Ende 1997 in Shanghai 550 US $/ qm und Mitte 1998 bereits 750 US $/ qm.[20]

---

[19] Vgl. TSE 2002, S. 22-23

[20] Auch wenn der Immobilienmarkt von Hong Kong nicht Gegenstand dieser Arbeit ist, so soll an dieser Stelle ein Vergleich gestattet sein. Die Preise für Industrieflächen im Gebiet von Hong Kong lagen 1998 bei 713 US $/ qm. Im Jahr 1997 betrugen die Preise für erstklassige Wohngrundstücke durchschnittlich 4.400 US $/ qm und 9.100 US $/ qm für gewerbliche Nutzung. Vgl. JONES LANG LaSALLE, Hong Kong, 2000 und 2001

Literaturverzeichnis

I Literatur zum Immobilienmarkt, Bodenrecht, Volkswirtschaft und Entwicklung der VR China

I. I Bücher und Zeitschriften

BARTON, Gregory: Land interest in the PRC – a license or leashold? In: Asia Law & Practice. Hongkong Band II, 6/ 1990, S. 23-39

BFAI: VR China. Informationsschrift der Bundesstelle für Außenhandelsinformation (BfAI). BfAI-Außenstelle Berlin, Köln/ Berlin, 2001

DEUTSCHE BANK RESEARCH: Chinas innenpolitische Herausforderung. China Spezial. Sonderausgabe, Frankfurt am Main, 31.10.2002, S. 3-18

DIETRICH, Craig: People´s China. New York, Oxford, 1986

ERMANN, Dr. Andreas: Immobilienmarkt. In: Wirtschaftshandbuch China. Bd. 3, Münster: OWC-Verlag für Außenwirtschaft, 1996

FAIRBANK, John King: Geschichte des modernen China: 1800-1985. Deutsche Erstausgabe. München: Taschenbuch Verlag, 1989

FAIRBANK, John King: China – A New History. Cambridge (Massachusetts), London, 1992

FAZ - INSTITUT: Länderanalyse VR China/ Hongkong. Halbjahresschrift. FAZ-Institut für Management-, Markt- und Medieninformationen GmbH, 4/ 2002

FES - Analyse: Volksrepublik China. Bonn: Friedrich-Ebert-Stiftung, 2/ 2001

FISCHER, Doris: Chronologie und Abbildungen zur Geschichte Chinas. In: Länderbericht China: Politik, Wirtschaft und Gesellschaft im chinesischen Kulturraum. Bundeszentrale für politische Bildung. Bd. 351, Zweite durchgesehene Auflage, Bonn: Bercker, Kevelaer, 2000, S. 567-666

FRANKE, Dr. Otto: Die Rechtsverhältnisse am Grundeigentum in China. Leipzig: Dieterich´sche Verlagsbuchhandlung Theodor Weicher, 1903

FU, Yuming; Somerville, Tsur; Gu, Mengdi; Huang, Tongcheng: Land Use Rights, Government Land Supply, and the Pattern of Redevelopment in Shanghai. In: International Real Estate Review. Vol. 2, No. 1, 1999, S. 49-78

GAUBATZ, Piper: China´s Urban Transformation: Patterns and Processes of Morphological Change in Beijing, Shanghai and Guangzhou. In: Urban Studies. Vol. 36, No. 9, 1999, S. 1495-1521

HALBEISEN, Hermann: Die chinesische Republik zwischen Modernisierung und Bürgerkrieg: 1911 bis 1949. In: Länderbericht China: Politik, Wirtschaft und Gesellschaft im chinesischen Kulturraum. Bundeszentrale für politische Bildung. Bd. 351, Zweite durchgesehene Auflage, Bonn: Bercker, Kevelaer, 2000, S. 135-153

HAN, Sun Sheng: Real Estate Development in China: A Regional Persepctive. In: Journal of Real Estate Literature. Bd. 6, Heft 2, Boston (Massachusetts), 1998, S. 121-133

HAN, Sun Sheng: Shanghai between State and Market in Urban Transformation. In: Urban Studies. Vol. 37, No. 11, 2000, S. 2091-2112

HERR, Hansjörg; Sommer, Albrecht; Zerong, He (Hrsg.): Nachholende Entwicklung in China: Geldpolitik und Restrukturierung. Fachhochschule für Wirtschaft Berlin, Berlin, 2002[21]

HEUER, Jürgen H.; Nordalm, Volker: Die Wohnungsmärkte im gesamtwirtschaftlichen Gefüge. In: Jenkis, H. W. (Hrsg.): Kompendium der Wohnungswirtschaft. Dritte Auflage, München/ Wien, 1996, S. 23-41

HEUSER, Robert: Das Rechtskapitel des Jin-Shu: Ein Beitrag zur Kenntnis des Rechts im frühen chinesischen Kaiserreich. Chinesisches Recht Bd. 3, München: J. Schweitzer Verlag, 1987

HÄBICH, Dr. Theodor: Deutsche Latifundien. Dritte Auflage, Stuttgart: W. Kohlhammer Verlag, 1947

HIN, Li Ling: Privatization of Urban Land in Shanghai. Hong Kong: Hong Kong University Press, 1996

HIN, Li Ling: The Political Economy of the Privatisation of the Land Market in Shanghai. In: Urban Studies. Vol. 34, No. 2, 1997, S. 321-335

HOYT, Homer: One Hundred Years of Land Values in Chicago – The Relationship to the Rise of its Land Values 1830-1933. Chicago: University of Chicago Press, 2000

HUANG, Youqin: Renter´s Housing Behaviour in Transitional Urban China. In: Housing Studies. Vol. 18, No. 1, 2003, S. 103-126

HUANG, Youqin; Clark, William A. V.: Housing Tenure Choice in Transitional Urban China: A Multilevel Analysis. In: Urban Studies. Vol. 39, No. 1, 2002, S. 7-32

JIANG, Dianchun; Chen, Jean Jinghan; Isaac, David: The Effect of Foreign Investment in the Real Estate Industry in China. In: Urban Studies. Vol. 35, No. 11, 1998, S. 2111-2129

[21] Die klein gedruckten Literaturangaben beziehen sich auf nachgeschlagene, jedoch im Fließtext nicht explizit zitierte Quellen. (Anm. d. Verf.)

JONES LONG LaSALLE: Market Analyst Series. Hong Kong, 4/ 2000

JONES LONG LaSALLE: Market Analyst Series. Hong Kong, 1/ 2001

JONES LONG LaSALLE: Investment Management Research. In: Investment Strategy Annual. 2002, Kap. II

KIRFEL, Harald: Das Gewohnheitsrecht bei Kauf und Verkauf von Immobilien in China und Mandschuko. Inaugural-Dissertation zur Erlangung der Doktorwürde. Hohe Philosophische Fakultät der Rheinischen Friedrich-Wilhelms-Universität zu Bonn, Bonn: Universitäts-Buchdruckerei Gebr. Scheur, 1940

KIRSCH, Ottfried C.; Wörz, Johannes G.F.; Engel, Jürgen: Agrarian Reform in China: Back to the Family Responsibility System. Heidelberg Studies in Applied Economics and Rural Institutions. Publications of the Research Centre for International Agrarian & Economic Development, Saarbrücken: Verlag für Entwicklungspolitik Breitenbach, 1994

KITTLAUS, Martin: Ideologie und Sozialistische Marktwirtschaft in der VR China – Beitrag zur strukturfunktionalistischen Systemforschung mit einer Politikfeldanalyse des städtischen Immobilienwesens der neunziger Jahre. Dissertation Ruhruniversität zu Bochum. Abteilung für Ostasienwissenschaften. Bochum: LIT Verlag, 2002

KLEINBROD, Anette; Popp, Stephan: Immobilienfinanzierung in der VR China. In: Die Bank. Nr. 10, Köln, 1995, S. 596-601

KONDRATIEFF, Nicolai Dimitrijewitsch: The Long Wave Cycle. New York: Richardson and Snyder, 1984 (Original publiziert unter dem Titel: Long Economic Cycle, 1928)

LAU, Pui-King: The Land and the Real Estate Management System. In: The China Review: An Interdisciplinary Journal on Greater China. Hong Kong: Chinese University Press, 1996, S. 235-262

LI, Guo; Rozelle Scott: Village Leaders and Land-Rights Formation in China. In: The American Economic Review. Vol. 88, No. 2, 1998, S. 433-438

LIU, Hongyu: Government Intervention and Performance of the Housing Sector in Urban China. In: Journal of the Asian Real Estate Society. Vol. 1, No. 1, 1998, S. 127-149

MUKHERJI, Joydeep: Economic Statistics with "Chinese" Characteristics. In: Standard & Poor´s CreditWeek. 24.1.2001, S. 9-10

PLESSE, Holger: Wohnungsprivatisierung in den neuen Bundesländern. Berlin, 1999

PYHRR, Stephen A.; Roulac, Stephen E.; Born, Waldo L.: Real Estate Cycles and their Strategic Implications for Investors and Portfolio Managers in the Global Economy. In: Journal of Real Estate Research. Vol. 18, No. 1, 1999, S. 7-68

PUTZKE, Matthias: Finanzwirtschaftliche Rahmenbedingungen für ausländische Direktinvestitionen in der VR China: Analyse des chinesischen Finanzsystems und der Finanzierungsmöglichkeiten für ausländische Investoren. Studienreihe Volkswirtschaften der Welt. Bd. 12, Hamburg: Kovac, 1999

SANDSCHNEIDER, Eberhard: Die Kommunistische Partei Chinas an der Macht: Politische Entwicklungen bis zum Ende der Ära Deng Xiaoping. In: Länderbericht China: Politik, Wirtschaft und Gesellschaft im chinesischen Kulturraum. Bundeszentrale für politische Bildung. Bd. 351, Zweite durchgesehene Auflage, Bonn: Bercker, Kevelaer, 2000, S. 169-185

SCHMIDT-GLINTZER, Helwig: Wachstum und Zerfall des kaiserlichen China. In: Länderbericht China: Politik, Wirtschaft und Gesellschaft im chinesischen Kulturraum. Bundeszentrale für politische Bildung. Bd. 351, Zweite durchgesehene Auflage, Bonn: Bercker, Kevelaer, 2000, S. 79-101

STUCKEN, Bernd-Uwe: Die unendliche Geschichte der Landnutzungsrechte. In: Wirtschaftswelt China. 5/ 1997, S. 14-21

TAYAMA, Teruaki: Die Entwicklung des landwirtschaftlichen Bodenrechts in der japanischen Neuzeit. Schriftenreihe des Instituts Landwirtschaftsrecht der Universität Göttingen. Bd. 19, Köln, Berlin, Bonn, München, 1999

TSE, Raymond: Real Estate Values in China: Lessons of the late 1990s. In: Appraisal Journal. Band 70, 1, 2002, S. 21-27

TSE, Raymond; Chiang, Y. H.; Raftery, John: Office Property Returns in Shagnhai, Guangzhou, and Shenzhen. In: Journal of Real Estate Literature. Vol. 7, 1999, S. 197-208

TSE, Raymond; Webb, James: Regional Comparison of Office Prices and Rentals in China: Evidence from Shanghai, Guangzhou and Shenzhen. In: Journal of Real Estate Portfolio Management. Vol. 6, 2000, S. 141-151

WAGNER, Rudolf G.: Neue Eliten und die Herausforderungen der Moderne. In: Länderbericht China: Politik, Wirtschaft und Gesellschaft im chinesischen Kulturraum. Bundeszentrale für politische Bildung. Bd. 351, Zweite durchgesehene Auflage, Bonn: Bercker, Kevelaer, 2000, S. 118-134

WALKER, Anthony: Land Use Rights Reform and the Real Estate Market. In: Journal of Real Estate Literature. Bd. 2, Heft 2, Boston (Massachusetts), 1994, S. 199-211

WANG, Ya Ping; Murie, Alan: The Process of Commercialisation of Urban Housing in China. In: Urban Studies. Vol. 33, 1996, S. 971-989

WANG, Ya Ping; Murie, Alan: Commercial Housing Development in Urban China. In: Urban Studies. Vol. 36, No. 9, 1999, S. 1475-1494

WEGGEL, Oskar: Vom Objekt der Großmächte zur Unabhängigkeit: China und die Weltpolitik (1895-1949). In: Länderbericht China: Politik, Wirtschaft und Gesellschaft im chinesischen Kulturraum. Bundeszentrale für politische Bildung. Bd. 351, Zweite durchgesehene Auflage, Bonn: Bercker, Kevelaer, 2000, S. 154-166

WEISS, Erich: Aspekte aus Bodenordnung und Bodenwirtschaft der Volksrepublik China. In: Vermessungswesen und Raumordnung. 62. Jahrgang, Heft 5, 8/ 2000, S. 244-256

WHARTON, Financial Institutions Center: Law, Finance, and Economic Growth in China. Working Paper Series. 23.12.2002

WITKIEWICZ, Witold: The Use of HP-filter in Constructing Real Estate Cycle Indicators. In: Journal of Real Estate Research. Vol. 33, 2002, S. 65-88

WU, Fulong: Changes in the Structure of Public Housing Provision in Urban China. In: Urban Studies. Vol. 33, No. 9, 1996, S. 1601-1627

WU, Fulong: The “Game” of landed-property production and capital circulation in China´s Transitional Economy, with Reference to Shanghai. In: Environment and Planning. Vol. 31, 1998, S. 1757-1771

WU, Fulong: The Global and Local Dimensions of Place-making: Remaking Shanghai as a World City. In: Urban Studies. Vol. 37, No. 8, 2000, S. 1359-1377

WU, Fulong: China´s Changing Urban Governance in the Transition Towards a More Market-oriented Economy. In: Urban Studies. Vol. 39, No. 7, 2002, S. 1071-1093

XIE, Qingshu; Parsa, A.R. Ghanbari; Redding, Barry: The Emergence of Urban Land Market in China: Evolution, Structure, Constraints and Perspectives. In: Urban Studies. Vol. 39, No. 8, 2002, S. 1375-1398

YANG, Chen; *Zhao, Hui*: Chinesischer Grundstücksmarkt im Wandel – Im Blickpunkt: Gesetzgebende und praktische Gestaltungsformen. In: RIW, Heft 3, 2000, S. 217-219

YAO, Lingzhen: Der Markt für Wohnimmobilien in der VR China. Studienreihe Volkswirtschaften der Welt. Hamburg: Kovac, 2001

YUSUF, Shahid; Wu, Weiping: Pathways to a Worls City: Shanghai Rising in an Era of Globalisation. In: Urban Studies. Vol. 39, No. 7, 2002, S. 1213-1240

ZHAO, Xiaobin; Zhang, Li: Urban Performance and the Control of urban Size in China. In: Urban Studies. Vol. 2, No. 4-5, 1995, S. 813-845

ZHOU, Y.: New trends of Chinese urbanization in 1980s. In: Yeung, Y.: Urban and Regional Development in China: Prospects in the 21st Century. Hong Kong Institute of Asia-Pacific Studies. The Chinese University of Hong Kong, 1993, S. 105-131

I. II Publikationen aus dem World Wide Web

AHK: Investitionen in China: Chinas Beitritt zur Welthandelsorganisation und seine "Go West"-Politik, 2002
http://www.ahk-china.org/china-wto/thesen-wto.htm
abgerufen am 3.4.2003, 11:30 h

ASIAN DEVELOPMENT BANK: Asian Development Outlook 2002
http://www.adb.org/PRC/default.asp
abgerufen am 1.4.2003, 10:00 h

ASIAN DEVELOPMENT BANK: People´s Republic of China
http://www.adb.org/documents/books/ado/2002/prc.asp
abgerufen am 1.4.2003, 10:30 h

CHINA INTERNET INFORMATION CENTER: Shanghai genehmigt Kauf und Miete von Immobilien
http://www.china.org.cn/german/61311.htm
abgerufen am 14.4.2003, 09:15 h

CHUNG, Stephen: Real Estate Development, Investment Analysis, Project Management, And Architectural Design practices in Hong Kong/ China/ Asia: For Project Management Institute´s PM Network Magazine. Compiled by Zeppelin Real Estate Analysis, Zeppelin Property Development Consultants Limited, 3/ 2002
http://www.real-etate-tech.com/zeppelin_services_offered.htm
abgerufen am 6.4.2003, 20:00 h

CRISPIN, Sam: Pudong Retail Market
http://www.shanghai-ed.com/j-real.htm
abgerufen am 6.5.2003, 10:30 h

ERMANN, Dr. Andreas: Der chinesische Immobilienmarkt: Entwicklung, Situation und Ausblick. Publikation der Delegation of German Industry & Commerce Shanghai
http://www.china-net.de
abgerufen am 23.4.2003, 10:00 h

FES (Friedrich-Ebert-Stiftung): Der gradualistische Reformprozess in China im Vergleich zu anderen Transformationsländern. Onlinepublikationen
http://www.fes.de/fulltext/stabsabteilung/00409toc.htm
abgerufen am 11.4.2003, 20:00 h

GANG, Yu; Chao, Howard: Recent Developments in Shanghai Real Estate Regulations. Stand 2/ 1998
http://www.omm.com/webcode/webdata/content/publications/REALESTATE.PDF
abgerufen am 1.4.2003, 21:00 h

IWF: World Economic Outlook, 3/ 2001
http://www.imf.org/external/pubs/cat/longres.cfm?sk=16674.0
abgerufen am 22.4.2003, 11:00 h

JONES LANG LaSALLE: Shanghai Real Estate Market
http://www.joneslanglasalle.com/hk/Research/2002/HSBC%20Shanghai
abgerufen am 20.4.2003, 20:30 h

THEISEN, Christian: Ausgewählte Probleme der Wirtschaftsentwicklung Ostasiens: Zukunftsmarkt China (II): Versicherungs- und Immobilienmarkt. Seminar an der Universität Düsseldorf im Sommersemester 2001
http://www.phil-fak.uni-duesseldorf.de/oasien/china/download/ss01%20
abgerufen am 18.4.2003, 11:15 h

WORLD BANK: World Bank Report 1994
http://www.worldbank.org./html/extpb/annrep94/wbar08a.htm
abgerufen am 20.5.2003, 9:00 h

WORLD BANK: Asian Development – Outlook 2002 Update
http://www.worldbank.org/html/extpb/annrep02/htm
abgerufen am 1.4.2003, 19:30 h

WORLD BANK: China – Shanghai Urban Environment Project: Resettlement Action Plan, Vol. 4.
http://www-wds.worldbank.org/WDS_IBank_Servlet?pcont=details&eid=000094946_0205250405376
abgerufen am 7.4.2003, 10:00 h

ZEPPELIN REAL ESTATE ANALYSIS LIMITED: Monatliche Onlinepublikationen zu ausgewählten Themen des chinesischen Immobilienmarktes
http://www.real-estate-tech.com/articles/ret...div.
regelmäßig abgerufen im Zeitraum Januar - Juli 2003

II Literaturangaben zu Gesetzessammlungen, Statistiken, Nachschlagewerken

BASSELER, Ulrich; Heinrich, Jürgen; Koch, A. S. Walter: Grundlagen und Probleme der Volkswirtschaft. Vierzehnte überarbeitete Auflage, Köln: Wirtschaftsverlag Bachem, 1998

CHINA STATISTICAL YEAR BOOK 1999: China Statistics Press, Beijing, CD ROM Publikation

CHINA STATISTICAL YEAR BOOK 2001: China Statistics Press, Beijing, CD ROM Publikation

FEESS, Eberhard: Mikroökonomie. Zweite Auflage, Marburg: Metropolis Verlag, 2000

HEUSER, Robert (Hrsg.): Wirtschaftsreform und Gesetzgebung: Eine Skizze. (Übersetzung und juristischer Kommentar) In: Wirtschaftsreform und Gesetzgebung in der Volksrepublik China. Texte und Kommentare. Mitteilungen des Instituts für Asienkunde Nr. 264. Hamburg. 1997, S. 1-28

JOOS, Beatrix Leonie: Rechtsverhältnisse an Grund und Boden in der Volksrepublik China. In: JOR. Bd. 42, Heft 2, München: Beck, 2001, S. 439-455

LEUNG, Priscilla: Land Law. In: Chenguang, Wang; Xianchu, Zhang (Hrsg.): Introduction to Chinese Law. Hongkong/ Singapore : Sweet & Maxwell Asia, 1997

LINDEN, Sabine: Durchführungsbestimmungen zum Landverwaltungsgesetz der VR China. (Übersetzung und juristischer Kommentar) In: Heuser, Robert (Hrsg.): Wirtschaftsreform und Gesetzgebung in der Volksrepublik China. Texte und Kommentare. Mitteilungen des Instituts für Asienkunde Nr. 264. Hamburg. 1997, S. 29-43

MANKIW, N. Gregory: Makroökonomik. Dritte überarbeitete und erweiterte Auflage, Stuttgart: Schäffer-Poeschel, 1998

MÜNZEL, Frank: Chinas Recht (Sammlung von Übersetzungen bedeutender Gesetze, Verordnungen, Parteidokumente etc.), Hamburg, 1984

PAULUS, Maud Caroline: Gesetz der Volksrepublik China zur Verwaltung städtischer Immobilien. (Übersetzung und juristischer Kommentar) In: Heuser, Robert (Hrsg.): Wirtschaftsreform und Gesetzgebung in der Volksrepublik China. Texte und Kommentare. Mitteilungen des Instituts für Asienkunde Nr. 264. Hamburg. 1997, S. 69-79

SHANGHAI REAL ESTATE MARKET 2002: China Statistics Press. Shanghai Municipal Housing, Land and Resources Administration Bureau, Shanghai Municipal Statistics Bureau, 2002

STRICKER, Sabine: VR China: Immobilienrecht. Reihe Internationales und ausländisches Wirtschafts- und Steuerrecht. Bundesstelle für Außenhandelsinformation (BfAI). BfAI-Außenstelle Berlin, Köln/ Berlin, 1995

THÜMMEL, Martin: Bodenordnung und Immobilienrecht in der Volksrepublik China. Mitteilungen des Instituts für Asienkunde 255. Hamburg, 1995

WORLD BANK: World Development Report 1992. World Bank, 1992

YEAR BOOK OF CHINA REAL ESTATE MARKET 1996: China Statistics Press. Beijing, CD ROM Publikation

YEAR BOOK OF CHINA REAL ESTATE MARKET 1997: China Statistics Press. Beijing, CD ROM Publikation

YEAR BOOK OF CHINA REAL ESTATE MARKET 1999: China Statistics Press. Beijing, CD ROM Publikation

Diplomica GmbH
Hermannstal 119k
22119 Hamburg

Fon: 040 / 655 99 20
Fax: 040 / 655 99 222

agentur@diplom.de
www.diplom.de